essentials

essentials liefern aktuelles Wissen in konzentrierter Form. Die Essenz dessen, worauf es als „State-of-the-Art" in der gegenwärtigen Fachdiskussion oder in der Praxis ankommt. *essentials* informieren schnell, unkompliziert und verständlich

- als Einführung in ein aktuelles Thema aus Ihrem Fachgebiet
- als Einstieg in ein für Sie noch unbekanntes Themenfeld
- als Einblick, um zum Thema mitreden zu können

Die Bücher in elektronischer und gedruckter Form bringen das Fachwissen von Springerautor*innen kompakt zur Darstellung. Sie sind besonders für die Nutzung als eBook auf Tablet-PCs, eBook-Readern und Smartphones geeignet. *essentials* sind Wissensbausteine aus den Wirtschafts-, Sozial- und Geisteswissenschaften, aus Technik und Naturwissenschaften sowie aus Medizin, Psychologie und Gesundheitsberufen. Von renommierten Autor*innen aller Springer-Verlagsmarken.

Weitere Bände in der Reihe https://link.springer.com/bookseries/13088

Jens Boscheinen · Laurens Bortfeldt

Umwelt- und Ökologiebewegungen

Ein Überblick

Springer VS

Jens Boscheinen
Hochschule Neu-Ulm
Neu-Ulm, Deutschland

Laurens Bortfeldt
Hochschule Biberach
Biberach, Deutschland

ISSN 2197-6708　　　　　ISSN 2197-6716　(electronic)
essentials
ISBN 978-3-658-35907-2　　　ISBN 978-3-658-35908-9　(eBook)
https://doi.org/10.1007/978-3-658-35908-9

Die Deutsche Nationalbibliothek verzeichnet diese Publikation in der Deutschen Nationalbibliografie; detaillierte bibliografische Daten sind im Internet über http://dnb.d-nb.de abrufbar.

Planung/Lektorat: Jan Treibel
Springer VS ist ein Imprint der eingetragenen Gesellschaft Springer Fachmedien Wiesbaden GmbH und ist ein Teil von Springer Nature.
Die Anschrift der Gesellschaft ist: Abraham-Lincoln-Str. 46, 65189 Wiesbaden, Germany

Was Sie in diesem *essentials* finden können

- Einen Überblick der zeithistorischen Entwicklung von Umweltbewegungen in Deutschland
- Einen Zeitverlauf der Fridays for Future-Bewegung – ausgehend von den Anfängen in Schweden bis hin zur weltweiten Bewegung
- Detaillierte Informationen zur Fridays for Future-Bewegung und deren struktureller und personeller Zusammensetzung
- Informationen zum Kommunikationsverhalten und der Einflussnahme der Fridays for Future-Bewegung in Deutschland

Vorwort

Ein junges Mädchen verändert die Welt und setzt eine ganze Generation in Bewegung. Was die Wissenschaft und unzählige Umweltorganisationen seit Jahrzehnten versuchen, schafft die schwedische Schülerin *Greta Thunberg* nahezu im Alleingang. Sie erzeugt Aufmerksamkeit für den Klimawandel, mobilisiert Massen, sie nimmt Politiker öffentlich in die Pflicht und scheut nicht davor zurück, ihnen in emotionalen Reden Versagen und die Zerstörung der zukünftigen Lebensgrundlage vorzuwerfen. Unterstützt wird sie dabei von Millionen Menschen, vorwiegend jungen Schülerinnen und Schülern. Doch was macht die Fridays for Future (FFF)-Bewegung so besonders und wie gelang es ihr, eine ganze Generation zu mobilisieren? Diese Fragen haben wir uns als Autoren ebenfalls gestellt und daraufhin die erste deutschlandweite Untersuchung über die Aktivenszene von Fridays for Future Deutschland durchgeführt. Im Rahmen des *essential* versuchen wir der Bewegung auf den Grund zu gehen, bestehendes Wissen zu replizieren und um neue Erkenntnisse zu vervollständigen. Hierzu setzen wir die Bewegung in zeithistorischen Bezug zu Umweltbewegungen in Deutschland, heben Unterschiede zu früheren Bewegungen hervor und verdeutlichen Gemeinsamkeiten. Auch wenn Fridays for Future noch eine junge Bewegung ist, hat sich durch die Corona-Pandemie gezeigt, dass sie einen langen Atem besitzt und sich auch durch gesellschaftliche Einflüsse und disruptive Entwicklungen nicht von ihren Zielen abbringen lässt.

Entstehen konnte das *essential* ausschließlich durch die Freiräume, welche unsere Professorinnen und Professoren Prof. Dr. Julia Kormann und Prof. Dr. Wilke Hammerschmidt von der Hochschule Neu-Ulm sowie Prof. Dr.-Ing. Roland Koenigsdorff und Prof. Dr-Ing. Martin Becker von der Hochschule Biberach uns zur Erstellung des *essentials* eingeräumt haben. Ihnen gilt unser herzlichster Dank.

Ein besonderes Dankeschön gilt zudem Dr. Anna Zeitler für ihr wertvolles und hilfreiches Lektorat.

Jens Boscheinen
Laurens Bortfeldt

Inhaltsverzeichnis

Über die Autoren

Jens Boscheinen (M. A.), Hochschule für angewandte Wissenschaften Neu-Ulm, Wileystraße 1,
89231 Neu-Ulm. E-Mail: jens.boscheinen@hnu.de

Laurens Bortfeldt (M. Sc.), Hochschule für angewandte Wissenschaften Biberach, Karlstraße 8, 88400
Biberach. E-Mail: bortfeldt@hochschule-bc.de

Einleitung

1

Auflehnung und Proteste gehören zum täglichen Bild in Fernsehen, Internet und in den sozialen Netzwerken. Sie sind Ausdruck und Merkmal einer Demokratie und Symbol der freien Meinungsäußerung. Umweltbewegungen bilden dabei einen thematisch fokussierten Bereich, der sich intensiv für die Erhaltung der Umwelt und Mitwelt einsetzt.

Um ein generelles Verständnis davon zu entwickeln, wie Proteste funktionieren, müssen ihre Ursachen betrachtet werden. Proteste entstehen dort, wo Unzufriedenheit herrscht. Diese kann bei fast allen Themen aufkommen und ist nicht zwingend ein lokales Phänomen, allerdings unterscheiden sich die Ausdrucksformen der Unzufriedenheit grundlegend voneinander, genauso wie die Art der Protestbewegung an sich. Proteste können dabei von öffentlichen Demonstrationen, über Streik bis hin zu gewaltsamen Auseinandersetzungen und rechtswidrigen Vorgehen wie Sabotage, Besetzungen oder Cyberkriminalität reichen. Aus Wissenschaftssicht unterscheiden sich die Motive des Protestes ebenfalls. Während der Bewegungsforschungsansatz *Structural-Strains* bspw. eine gesamtgesellschaftliche Perspektive einnimmt und untersucht, wie Bewegungen innerhalb von Milieus entstehen, die wiederum oftmals durch externe Faktoren beeinflusst werden (bspw. Politik, Umweltkatastrophen) (Hellmann & Koopmans, 1998, S. 12 f.), werden im *Collective-Identity-Ansatz* (CI) bewusste Abgrenzungen zwischen der Bewegung und ‚den anderen' vorgenommen, wodurch eine klare Trennung von der Bewegungsumwelt vollzogen wird (1998, S. 18 f.). Auch das Selbstverständnis der Bewegung unterscheidet sich in diesem Fall grundlegend von anderen Bewegungen, da durch eine gemeinsame Identität eine starke Abgrenzung zu Dritten stattfindet.

Der Soziologe und Kulturwissenschaftler *Peter Ullrich* definiert soziale Bewegung auf Basis bestehender Definitionen und Ansätze als „ein[en] kollektive[n]

J. Boscheinen und L. Bortfeldt, *Umwelt- und Ökologiebewegungen,* essentials, https://doi.org/10.1007/978-3-658-35908-9_1

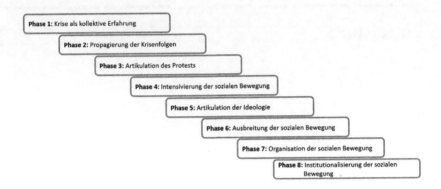

Abb. 1.1   Eigene Darstellung nach Klein et al., 1999, S. 34–37

Akteur, mithin ein Netzwerk verschiedener anderer Akteure, der auf Basis sym-
bolischer Integration und eines gewissen Zugehörigkeitsgefühls (einer kollektiven
Identität) mittels Protests sozialen Wandel erreichen, beschleunigen, verhindern
oder umkehren will" (Ullrich, 2015, S. 9.). Mit Blick auf die heutige Gesellschaft
zeigt sich, dass Proteste eine demokratisch gesicherte und legitimierte Ausdrucks-
form des Widerstandes gegen Entscheidungen darstellen. In der Bundesrepublik
Deutschland ist dies im Grundgesetz verankert (Bundesministerium der Justiz und
Verbraucherschutz, 1949, Art. 8.).

   Klein et al. liefern weitere Erklärungsversuche für die Bildung sozialer
Bewegungen: Sie können durch das Erfahren eines Problems und die daraus
interpretierten Mangelsituation entstehen, durch das Auftreten eines spezifischen
Problems oder durch eine interpretierte politische Benachteiligung (Klein et al.,
1999, S. 34). Darauf aufbauend lassen sich verschiedene Stufen der Entwicklung
sozialer Bewegungen in einem Phasenmodell visualisieren (Abb. 1.1).

   Inwiefern Umweltbewegungen als soziale Bewegungen verstanden werden
können und inwieweit Fridays for Future das Potenzial hat, eine kollektive
Bewegung in Deutschland auszulösen, welche die Gesellschaft nachdrücklich
beeinflusst, wird mithilfe von bestehenden Studien und Grundlagenarbeiten von
etwa *Kroos und Naumann* (2019) nachfolgend analysiert und aufbereitet. Um ein
Verständnis für die Geschichte von Umweltbewegungen zu schaffen, werden im
nachfolgenden Kapitel zunächst die Umweltbewegungen seit den 1970er Jahren
in Deutschland thematisiert.

Umweltbewegungen in der Retrospektive – Anlässe und Erfolge deutscher Bewegungen seit den 1970er Jahren

2

Umweltbewegungen machten in der retrospektiven Betrachtung von Protesten in Deutschland lange Zeit einen eher geringen Anteil an den Protesten aus. Während zwischen 1950 und 1964 die Themen Wirtschaft und Soziales mit 26,4 %, Demokratie/Autoritarismus mit 23,9 % und Frieden mit 16,2 % im Fokus von Protesten standen, nahm das Thema Umweltschutz/Atomenergie nur einen sehr geringen Anteil von 0,7 % ein. Auch im Zeitraum von 1965 bis 1971 änderte sich dies nicht; der Gesamtanteil nahm mit 0,5 % sogar leicht ab. Erst zwischen 1972 und 1989 lässt sich ein deutlicher Anstieg um 14,6 Prozentpunkte auf 15,1 % verzeichnen. Im Zeitraum zwischen 1990 und 2002 flachte der Anteil wiederum auf 10,3 % ab (Hutter & Teune, 2012, S. 13 f.).

Der gesellschaftspolitische Stimmungsumschwung Ende der 60er Jahre führte nach US-amerikanischem Vorbild zu ersten losen Bürgerinitiativen in den Ballungsgebieten, die Umweltpolitik in Deutschland erstmals in stärkerem Maße beeinflussten und den Erlass einer Regierungserklärung „Sofortprogramm Umweltschutz" zur Folge hatten (Radkau, 2011a, S. 137 f.; *Umweltgutachten 1996*, 1996).

Radkau identifiziert verschiedene Ereignisse, die das Erstarken der Umweltbewegung in den 1970er Jahren begünstigten. So nennt er die Mitte der 1960er Jahre entstandenen Raumfahrtfotos des blauen Planeten, den *Earth Day* im April 1970, die 68er-Bewegung, den Vietnamkrieg, die Angst vor dem ungebremsten Bevölkerungswachstum und das stärkere Bewusstsein für Umweltprobleme als Treiber der Protestbewegungen (Radkau, 2011a, S. 141–145). Dabei unterschieden sich die Umwelt- und Protestbewegungen sowohl hinsichtlich ihrer inhaltlichen Themen als auch der auslösenden Faktoren. Ihnen lassen sich in den Dekaden von 1970 bis 2020 folgende Themenschwerpunkte zuweisen:[1]

- 1970–1979: Gewässer- und Luftverschmutzung, Ressourcenerschöpfung, Grenzen des Wachstums, Atomkraft (Klein et al., 1999, S. 242 f.)
- 1980–1989: Waldsterben, Umgang mit Chemikalien, Tschernobyl, Ozonloch, Treibhauseffekt und Regenwaldabholzung (Klein et al., 1999, S. 242 f.; Uekötter, 2018, S. 75–78)
- 1990–1999: Abfall und Müllverschmutzung, Klimadebatte, Verkehrsbelastungen, nachhaltiger Konsum (Klein et al., 1999, S. 242 f.). Bildung regelmäßiger UN-Klimakonferenzen nach Umweltgipfel in Rio 1992 (COP 1–5) (*Conference of the Parties (COP)|UNFCCC, 2021*)
- 2000–2009: UN-Klimakonferenzen (COP 6-COP15) (*Conference of the Parties (COP)|UNFCCC, 2021*), Anti-Kohlekraft-Proteste (Kopp, 2007)
- 2010–2019: Lokale Proteste nach Fracking in Voelkersen 2011 (Erdbeben und Austritt von Benzol und Quecksilber aus einer Pipeline) (Joan Martinez Alier, 2019), Fukushima und die Folge des erneuten deutschen Ausstiegs aus der Kernkraft (Uekötter, 2014, S. 153), Proteste gegen das Bahnprojekt Stuttgart 21 mit dem Fällen von Bäumen im Schlosspark (Brettschneider & Schuster, 2013, S. 42–44), Proteste gegen den Genmais MON 810 des Konzern Monsanto (Voss, 2014, S. 124), Besetzung des Dannenröder Forstes im Oktober 2019 durch Umweltaktivisten (Haunss & Sommer, 2020a, S. 100), UN-Klimakonferenzen (COP 16–26) (*Conference of the Parties (COP)|UNFCCC, 2021*), Beginn der Fridays for Future Bewegung.

Die folgende Grafik stellt die wesentlichen Ereignisse auf der Zeitachse seit 1970 dar (Abb. 2.1).

Die Umweltbewegungen in den Industrieländern führten zu einem veränderten Umweltbewusstsein und zu einem fest verankerten Netzwerk von lokalen, nationalen und internationalen Umweltgruppen. Auch bestärkte dies, obwohl die ursächliche Zurechnung kaum möglich ist, die Institutionalisierung der Umweltpolitik in Deutschland (Klein et al., 1999, S. 237 f.). Das folgende Kapitel gibt einen komprimierten Überblick über die Entstehungsgeschichte der deutschen Anti-Atomkraft (AKW)- sowie der Anti-Kohlekraft-Bewegungen. Auf diese beiden Bewegungen wird vordergründig eingegangen, da sie in der Gesellschaft

---

[1] Auf eine detaillierte Behandlung aller Proteste innerhalb der Dekaden wird aufgrund der Fokussierung auf die Anti-Atom- und Anti-Kohlekraftbewegungen verzichtet:

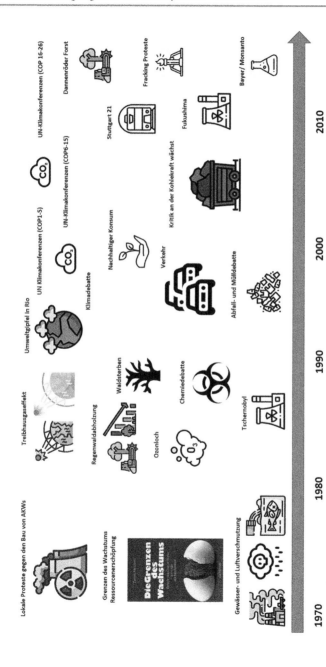

Abb. 2.1 Eigene Darstellung

und den Medien am meisten Aufmerksamkeit erhalten bzw. ausgelöst und die deutsche Umweltpolitik maßgeblich mitgeprägt haben.

2.1 Geschichte der deutschen Anti-Atomkraft-Bewegung und der Friedensbewegung

Die Geschichte der deutschen Anti-AKW-Bewegung beginnt in den 1950er und 1960er Jahren. Im Jahr 1956 erstarkte das Interesse der deutschen Bundesregierung an einer eigenen Atombewaffnung. Im März 1958 formierte sich aus den Reihen der evangelischen Kirche, Gewerkschaften und der SPD eine Protestbewegung, die zu Beginn des Jahres 1969 in der „Ostermarschbewegung" mündete. Die Friedensbewegung verkleinerte sich, als die Politik die Forderung zur atomaren Aufrüstung fallen ließ (Pichler, 2012, S. 7–8).

Mitte der 1950er Jahre etablierte die Bundesregierung zudem Einrichtungen, die sich mit der zivilen Atomenergienutzung beschäftigten. 1958 verabschiedete die Bundesregierung auf dieser Basis ein erstes Atomprogramm, das den Bau von fünf industriellen Atomreaktoren bis 1965 avisierte. Das Programm, an dem fünf Unternehmen beteiligt waren, blieb jedoch erfolglos. Gleichzeitig entwickelten auch die Firmen *AEG* und *General Electric* einen Reaktor, der im Jahr 1960 in Kahl am Main ans Netz ging; ein zweiter Reaktor folgte 1966 in Grundremmingen. Zwar bestanden Vorbehalte in der Bevölkerung, diese mündeten aber höchstens in lokalen Protesten, sofern vor Ort ein Atomkraftwerk geplant war. Größere Proteste entstanden erst in den 1970er Jahren, beispielsweise gegen die AKW in Breisach, Neckarwestheim, Esensham und Bonn (Pichler, 2012, S. 12–13).

Durch zunehmende mediale Präsenz führten die von Umweltaktivist:innen, Anwohner:innen, teilweise Studierenden und Bauern/Bäuerinnen dominierten Proteste der Anfangszeit in den 1970ern und 1980er Jahren zu einer weiteren Mobilisierung von Menschen, die mit den Protestierenden sympathisierten und sich ihnen anschlossen. Der Fokus der Proteste lag dabei auf Demonstrationen sowohl gegen den Bau von Kernkraftwerken als auch gegen Wiederaufbereitungsanlagen und einen Schnellen Brüter (Alier, 2016; Weitze et al., 2012, S. 191–202).

Die Proteste in Whyl und Gorleben, an denen teilweise ortsansässige bäuerliche Bevölkerung teilnahm, gelten zumindest zu Beginn als Beispiele für gewaltfreien Umweltaktivismus, während es in Brokdorf und Grohnde zu gewalttätigen Auseinandersetzungen mit der Polizei kam (Radkau, 2011a, S. 386).

In Whyl waren neben Winzer:innen, Bauern und Studierenden der nahegelegenen Universität Freiburg laut Beobachtern auch auffallend viele Frauen an den Protesten beteiligt (Weitze et al., 2012, S. 194).

Auswirkungen und Erfolge der Anti-AKW-Protestbewegungen
Während die Proteste in Whyl und Kalkar erfolgreich dazu führten, dass die Reaktoren nie an das Stromnetz angeschlossen wurden, konnten sowohl in Brokdorf als auch in Grohnde keine Erfolge aus Sicht der Protestierenden erzielt werden. Mit Blick auf die Anti-AKW-Bewegung als Ganzes lässt sich konstatieren, dass die angewandte Strategie nur teilweise von Erfolg gekrönt war, wodurch sich viele Demonstrierende neuen Betätigungsgebieten zuwandten. Einige setzten sich für mehr Energieeffizienz und Erneuerbare Energien ein, andere nahmen verfahrensförmigen Widerstand auf oder engagierten sich in Umweltschutzorganisationen bzw. der Partei Die Grünen (Pichler, 2012, S. 18 f.).

Zusammenfassend lässt sich festhalten, dass die Anti-AKW-Bewegung durch ihre weitreichenden Proteste und die Ereignisse von Tschernobyl Wirkung erzielen konnte. Aufgrund immer höherer politischer und finanzieller Kosten beendete die Regierung das Atomprogramm Ende der 1980er Jahre (Pichler, 2012, S. 23–24).

Die Subventionen für die Kernkraftindustrie und den Bau von Forschungsreaktoren beliefen sich insgesamt auf ca. 20 Mrd. EUR; die Stilllegung technischer Anlagen bis 2009 auf weitere 3,4 Mrd. EUR. Der Abriss des Reaktors in Jülich verursachte Kosten in Höhe von ca. 500 Mio. EUR, der Abriss in Greifswald ca. 3,7 Mrd. EUR, die Stilllegung des Endlagers Morsleben weitere 1,2 Mrd. EUR. Der öffentliche Finanzierungsanteil an gescheiterten Projekten (Kalkar, Hamm-Uetrop, Wackersdorf, Hoberg, Nukem, Mox, Mühlheim-Kärlich) beläuft sich auf knapp 9 Mrd. EUR. Die Castortransporte summieren sich bis heute auf ca. 3 Mrd. EUR, die Sanierung von Wismut kosteten bis 2005 6,6 Mrd. EUR. Verluste von Steuereinnahmen aufgrund nicht versteuerter Rückstellungen führten zusätzlich zu ca. 20 Mrd. EUR Verlusten. Des Weiteren haftet der Staat oberhalb von 2,5 Mrd. EUR für Schäden durch Kernkraftwerke (BMU, 2006, S. 219).

Die Frage nach der Entsorgung oder Endlagerung von atomaren Brennstäben und der Transport der Brennelemente bot der Anti-AKW-Bewegung die Möglichkeit, den Protest auch dann noch aufrechtzuerhalten, als keine neuen Reaktoren mehr gebaut wurden (Weitze et al., 2012, S. 199 f.). Die Endlagersuche ist auch im Jahr 2021 noch ein Thema in den Diskussionen rund um das Thema Atomenergie. Laut *Bundesgesellschaft für Endlagerung* wurde der von der Politik lang favorisierte Standort Gorleben mittlerweile als Endlager für Atommüll ausgeschlossen. Derzeit erfolgt eine bundesweite Endlagersuche (Bundesgesellschaft für Endlagerung, 2020).

Die Anti-AKW-Bewegung ist im internationalen Vergleich nach *Joachim Radkau* einzigartig, da sie ein enormes Mobilisierungspotential besitzt (Radkau, 2011a, S. 211). Die Castor-Transportproteste der 1990er Jahre oder der final beschlossene Atomausstieg im Jahr 2022 nach dem Reaktorunglück von Fukushima im Jahr 2011 (Pichler, 2012, S. 23 f.) können hier als Beispiele gelten. Auffallend ist, dass die Protestbewegung im internationalen Vergleich keine charismatischen Führungsfiguren auswies und sich der Aufklärung durch Informationen widmete (Radkau, 2011b).

2.2   Geschichte der deutschen Anti-Kohlekraft-Bewegung

Für das Erreichen der deutschen Klimaziele ist auch eine Abkehr von der Kohle-Verstromung notwendig. Die Bundesregierung einigte sich daher auf einen Ausstieg bis spätestens 2038 (Bundesministerium für Wirtschaft und Energie, 2021). Doch wie kam es dazu, dass der Kohleabbau in Deutschland eine so zentrale Rolle in der Stromerzeugung eingenommen hat?

Schon 1972 wurde befürchtet, dass Kohle gegenüber Heizöl an Energieanteilen verlieren und Deutschland im Strombezug daher eine starke Abhängigkeit vom ausländischen Bezugsquellen entwickeln könnte. Die Ölkrise 1973/1974 führte vorerst dazu, dass die Kohle sogar an Marktanteilen gewinnen konnte. Trotzdem entschied sich die Bundesregierung 1974 dazu, die Kohleindustrie zu subventionieren, um dadurch Abhängigkeiten von ausländischen Bezugsquellen weiter zu reduzieren (Dickertmann & Voss, 1979, S. 41). Erst 1995 schaffte das Bundesverfassungsgericht den Kohlepfennig, vergleichbar der EEG-Umlage, ab (Bundeszentrale für politische Bildung, 2016).

In den 1980er Jahren begannen umweltbewusste Kernkraftgegner, die Stromproduktion aus Kohle und die Kohlekraftpolitik zu hinterfragen. Die Bedenken umfassten neben dem Waldsterben auch die später aufkommende Klimaproblematik. Das Unglück von Tschernobyl führte jedoch dazu, dass die Atomenergie nicht als Alternative angesehen wurde (Radkau, 2011a, S. 231–235).

Auch in der damaligen DDR protestierten die Anwohner:innen gegen die Umsiedlung von Dörfern im Zuge der Erschließung neuer Orte zum Kohleabbau. Als Beispiel kann das Dorf Lakoma genannt werden, das trotz der Proteste im Jahr 1989 umgesiedelt wurde. Nach dem Fall der Berliner Mauer kam es 1992 zu Besetzungen von Gebäuden, bis das Dorf 2003 durch *Vattenfall* endgültig geräumt wurde (Joan Martinez Alier, 2021).

Die Proteste in Garzweiler 1 und 2 beschränkten sich auf lokale Bürgerproteste in Form von Landbesetzung, Gerichtsklagen, der aktiven Einbindung von

NGOs und der Erstellung von alternativen Gutachten zur Verhinderung des Verlustes der Heimat durch Umsiedlung, welche jedoch nicht aufgehalten werden konnte. Die 2015 entstandene „Ende Gelände–Bewegung" verknüpfte die lokalen Schäden, die der Tagebau verursachte, mit dem Thema Klimawandel und erzeugte über Blockaden, Landbesetzung, Proteste und Petitionen überregionale Aufmerksamkeit (Joan Martinez Alier, 2021).

Die Anti-Kohle-Bewegung der 2010er Jahre entstand aus der Klimagerechtigkeitsbewegung, die sich in der zweiten Hälfte der 2000er Jahre formiert hatte. Ihren Ursprung nahm die Bewegung im Zuge des G8-Gipfels 2007, bei dem sich die G8-Staaten darauf einigten, ihre Emissionen bis zum Jahr 2050 um die Hälfte zu reduzieren (Bundesregierung, 2007).

Kurze Zeit später entwickelte sich ein Klimanetzwerk aus Aktivist:innen, die kapitalismuskritische Positionen einnahmen und den Fokus auf die Verursacher der Umweltschäden richteten. 2008 zielte die Bewegung darauf ab, den Bau eines Kohlekraftwerks in Moorburg zu verhindern. Das Kraftwerk wurde trotz massiver Proteste erbaut und in Betrieb genommen. Nichtsdestotrotz werden die Proteste heute als wichtiger Schritt für den Aufbau einer deutschlandweiten Klimagerechtigkeitsbewegung angesehen (Sander, 2017, S. 27).

Im Jahr 2009 rückte die UN-Klimakonferenz in Kopenhagen in den Fokus klimapolitischer Entscheidungen. Die aus Sicht der deutschen Klimagerechtigkeitsbewegung bis dahin enttäuschenden Ergebnisse führten zu einer Zersplitterung der Gruppe. Der „sozialökologische Teil" befasste sich seitdem mit eher regionalen oder sozialen Themen wie der Forderung nach kostenfreiem Nahverkehr oder der Energiearmut. Ein anderer Teil der Bewegung, der „globalökologische Arm", setzte sich für die deutliche Reduktion von Klimagasen ein. Im Fokus standen dabei die größten Emittenten auf Unternehmensseite und die Forderung seitens der Klimaaktivist:innen, fossile Brennstoffe nicht weiter zu verwenden. Der Braunkohletagebau, der regionale Ökosysteme zerstörte und Dorfbewohner zur Umsiedlung zwang, bot sich für die öffentlichkeitswirksame Vertretung ihrer Forderungen durch Proteste an (Sander, H., 2017, S. 28 f.). Die Protestierenden können dabei der „linken Szene" der Klimabewegung zugeordnet werden (Dietz & Garrelts, 2013, S. 186).

Zwar gab es, wie bereits erwähnt, schon früher Umweltbewegungen und lokale Bürgerinitiativen, die dem jeweiligen Tagebau kritisch gegenüberstanden und dagegen auf die Straße gingen, diese hatten jedoch nur geringe Erfolge vorzuweisen. In den 2010er Jahren veranstalteten radikalere Gruppen im Rheinland jährliche Klimacamps, in denen sie sich über Energie- und Klimathemen austauschten und schlussendlich auf Aktionen gegen die Kohleinfrastruktur konzentrierten. Dies mündete 2011 in der Besetzung des Hambacher Forstes[2] durch Aktivist:innen. Ähnliche Proteste gab es auch in der Lausitz. Die Integrierung lokaler Bevölkerungsgruppen führten zu einer Verstetigung der Kohlekraftproteste (Sander, 2017). 2018 kam es zur endgültigen und nach einem aktuellen Gerichtsurteil rechtswidrigen Räumung des Hambacher Forstes (Thaler & dpa, 2021). Der seit 2012 von Aktivist:innen besetzte Hambacher Forst ist ein Sinnbild des ökoanarchistischen Protests, der darauf abzielt, den Tagebaubetrieb zu stören und den Fokus auf die im System innbegriffene Zerstörung zu richten (Pfeifer et al., S. 1). Der Hambacher Forst ist somit auch zum Symbol der deutschen Klimabewegung geworden (Kaiser, 2020).

2013 bildete sich die Ende Gelände-Bewegung und formierte eine neue Anti-Kohle-Bewegung. Der Name der Bewegung verweist auf ihre Forderung, dem Kohleabbau im Braunkohletagebau ein Ende zu setzen. Proteste im August 2015 und zu Pfingsten 2016 erreichten einen Stopp der Förderbänder in Garzweiler 2 und Welzow Süd, was zu einer kurzfristigen Abschaltung bzw. zum Notbetrieb führte. Anlass für den Protest 2016 war der Plan *Vattenfalls* das Braunkohlegeschäft an ein polnisches Unternehmen zu verkaufen.

Die Anti-Kohle-Bewegung profitierte davon, dass in den einzelnen Parteien kein politischer Konsens über die Kohleverstromung herrschte. Zwar verteidigten große Teile der SPD und Union, aber auch Teile der Grünen und Linken die Kohlekraft, doch innerhalb dieser Parteien gab es auch entgegengesetzte Strömungen. Während der regionale Kampf gegen die Kohlekraftwerke immer wieder erfolgreich war – 19 von 35 geplanten Bauvorhaben für Kohlekraftwerke wurden unterbunden – konnte sich auf Bundesebene die kohlefreundlichen Kräfte ein höheres Gehör verschaffen (Sander, 2017, S. 31). Ein weiterer Aspekt war, dass für das Erreichen der Pariser Klimaziele in Deutschland ein frühzeitiger Kohleausstieg notwendig ist, dem staatliche Förderungen und Lobbyismus gegenüberstehen (Quaschning, 2021; Umweltbundesamt, 2017). Die Widersprüche im politischen und öffentlichen Diskurs boten einen idealen Nährboden für die Ende Gelände-Bewegung.

Die Bewegung konnte ihr Ziel, die Braunkohle als existentielles Problem darzustellen, durch die mediale Aufmerksamkeit, die das Thema stärker in den Fokus rückte und die Kohlepolitik als gesellschaftlichen Konflikt deutlich machte, erreichen. Auch konnte die Öffentlichkeit für den notwendigen Zeithorizont für den Kohleausstieg sensibilisiert werden (Sander, 2017, S. 33–34).

---

[2] Waldstück zwischen Köln und Aachen, welches im Zuge des Ausbaus des Kohlekraftwerks Hambach seit 1970 gerodet wird.

Auswirkungen und Erfolge der Anti-Kohlekraft-Protestbewegungen

Nach *Johannes Lackmann* (ehemaliger Präsident des *Bundesverbandes Erneuerbare Energien*) forderte der Braunkohletagebau in Deutschland insgesamt die Umsiedlung von über 300 Dörfern und etwa 100.000 Menschen. Zusätzlich wurde er über die Braunkohleschutzklausel subventioniert. Die Sanierung der mitteldeutschen und Lausitzer Braunkohlegebiete, die Wasserentnahmen und die öffentlichen Mittel für die Modernisierung von Braunkohlekraftwerken verursachten zusammengenommen ca. 16,85 Mrd. EUR an Belastungen (BMU, 2006, S. 218). Bei der Steinkohle beliefen sich die Steinkohlesubventionen von 1980 bis 2003 auf 146 Mrd. EUR. Des Weiteren erhöht sich die Summe jährlich um circa 900 Mio. EUR für den Lastenausgleich Bergbau und das Abpumpen von Bergschäden (BMU, 2006, S. 218 f.).

Schlussendlich führten der zunehmende Druck aus der Bevölkerung und der Versuch der Bundesregierung, die Pariser Klimaziele einzuhalten, zum Ziel des schrittweisen Ausstiegs aus der Stromproduktion durch Kohle bis 2038 (Bundesregierung, 2021a). Insgesamt wird für den Strukturwandel in den Kohle-Regionen bis 2038 mit finanziellen Belastungen von bis zu 40 Mrd. EUR gerechnet (Bundesregierung, 2021b).

Umweltbewegung der Gegenwart – Analyse der Fridays for Future-Bewegung als jüngste Protestbewegung

Als am 20. August 2018 die 15-jährige Schülerin *Greta Thunberg* vor dem schwedischen Reichstagsgebäude saß und ein selbstgeschriebenes Schild mit der Aufschrift *‚Skolstrejk för klimatet'* (Schulstreik fürs Klima) hielt, rechneten wohl keiner damit, dass dies die Geburtsstunde einer neuen, weltweiten Umweltbewegung sein wird, mit *Greta Thunberg* als Galions- und Identifikationsfigur (Haunss & Sommer, 2020b, S. 10). Dass der Impuls einer Bewegung zunächst maßgeblich von einer Person ausgeht, ist eher selten (Wehrden et al., 2019, S. 307), doch auch bereits vor *Thunberg* prägten einzelne Aktivist:innen Umweltbewegungen und führten zu internationaler Aufmerksamkeit und Beachtung. Die Aktivistin *Wangari Maathai* und ihr Engagement für das *Green Belt Movement* (1977) fanden durch Aufforstungsprogramme in Kenia internationale Beachtung. Für sie standen nicht nur der bewusste Umgang mit Ressourcen und der Umweltschutz im Fokus, sondern auch die Stärkung der Frauen und die Verbesserung von Lebensbedingungen und -umständen. So wurde *Wangari Maathai* bereits 1984 mit dem alternativen Nobelpreis ausgezeichnet, ehe sie 2004 als erste afrikanische Frau den Friedensnobelpreis für ihren Einsatz für eine nachhaltige Entwicklung, Demokratie und Frieden erhielt. Auch der Südafrikaner *Kumi Naidoo*, der unter anderem zwischen 2009 und 2015 Direktor von *Greenpeace International* und von 2018 bis 2019 Generalsekretär von *Amnesty International* war, gründete eine Bewegung namens *Global Call to Action Against Poverty* (Deine Stimme gegen Armut) mit, die nicht nur auf Hungersnöte in der Welt hinwies, sondern auch explizit den Umgang mit Lebensmittelressourcen und deren Verwertung kritisierte (Deutschmann et al., 2020, S. 722).

Die Forderungen nach einer klimagerechten Zukunft, nach einem richtigen Umgang mit knappen Ressourcen und die klare Aufforderung zu handeln sind, wie die Beispiele zeigen, keine neuen Aspekte der Fridays for Future-Bewegung

© Der/die Autor(en), exklusiv lizenziert durch Springer Fachmedien Wiesbaden GmbH, ein Teil von Springer Nature 2021
J. Boscheinen und L. Bortfeldt, *Umwelt- und Ökologiebewegungen*, essentials,
https://doi.org/10.1007/978-3-658-35908-9_3

und standen bereits auf vielen Agenden von Regierungen wie auch im Koalitionsvertrag der Bundesregierung von 2018 in Deutschland (Bundesregierung, 2018, 142 f.). Bereits vor FFF gab es im Rahmen des *Pariser Klimaabkommens* von 2015 weltweite Proteste, da Zweifel an der Umsetzung und Zielerfüllung der beschlossenen Maßnahmen durch die Politik bestanden (Neuber & Gardner, 2020, S. 117). Umweltverbände und Klimaschutzorganisationen setzen sich seit Jahrzehnten dafür ein, auf die Folgen des Klimawandels aufmerksam zu machen und auf einen gesellschaftlichen Wandel hinzuwirken (Koos & Naumann, 2019, S. 2). Studienvergleiche der letzten zehn Jahre machen zudem deutlich, dass sich zunehmend auch individuelles Handeln ändert und sich mehr Menschen um den Klimawandel sorgen oder sich beispielsweise mit nachhaltiger Ernährung auseinandersetzen und nachhaltige Aspekte bei der Beschaffungen von Gütern berücksichtigen (Gössling et al., 2020, S. 2). Neu hingegen ist die Stärke und Präsenz der Bewegung im öffentlichen Raum, die gesellschaftliche Haltung, die Form des Schulstreikes als Protest, das junge Alter der Protestierenden sowie das mediale Gehör, das ihnen zuteilwird (Deutschmann et al., 2020, S. 723).

Bereits kurz nach *Thunbergs* ersten medial begleiteten Protesten breitete sich die Bewegung vor allem unter Schülerinnen und Schülern aus und fand ihren ersten Höhepunkt in einem weltweiten Klimastreik am 15. März 2019, an dem laut Fridays for Future in 133 Ländern über 2,28 Mio. Menschen zum Schutz der Erde auf die Straße gingen (Fridays For Future, 2021). Zentral war dabei nicht nur der Weckruf in Richtung Politik, sondern auch der Aufruf, individuelles Handeln zu ändern – verstanden als primäre Aufgabe, die bei jedem selbst ansetzt, um dem Ziel der Klimagerechtigkeit nachzukommen (Wahlström et al., 2019, S. 9). Einzigartig an der Bewegung ist, dass die FFF-Aktiven vornehmlich Schülerinnen und Schüler und vor allem zu Beginn der Bewegung selten älter als 20 Jahre alt sind, womit sie in der Generationsforschung der **Generation Z** zugeordnet werden.

3.1   Generation Z als Katalysator der weltweiten Bewegung

Im Gegensatz zu der vorherigen Generation Y oder auch der Generation der Babyboomer wächst die Generation Z der westlichen Welt in einer Zeit auf, in der materieller Wohlstand allgegenwärtig ist, Krieg und Gewalt nicht zum täglichen Leben gehören und die Zukunftsaussichten hinsichtlich Arbeit und Lebensstandard für die meisten Menschen positiv gestaltet sind. Hierdurch rückt beispielsweise das Thema Selbstverwirklichung, das bei der Generation Y noch eine wesentliche Position einnahm, in den Hintergrund. Für die Generation Z sind Gleichheit, kollektiver Wohlstand und eine intakte (Um-)Welt für die jetzige wie auch für kommende Generationen immanent wichtig. Unterschiede zwischen Geschlechtern, Religionen oder kulturellen Hintergründen will die Generation möglichst eliminieren, weshalb ihr ein hohes Maß an Selbstlosigkeit attestiert wird (Kretschmer, 2020, S. 2). Ihr Interesse an Politik ist groß, da sie darin einen Hebel sieht, gesellschaftlich positive Impulse zu setzen und politisches Handeln zu beeinflussen (Bortfeldt & Boscheinen, 2020, S. 32; Haunss & Sommer, 2020a, S. 42).

Weltweit waren es vor allem Teenager und junge Menschen der Generation Z, die den Aufrufen aus Schweden folgten (Deutschmann et al., 2020, S. 722; Moor et al., 2020, 11 f.; Wahlström et al., 2019, S. 9 f.). Der Median (mittlerer Wert einer Zahlenreihe) des Alters bei der Untersuchung des ersten globalen Klimastreikes am 15. März 2019 lag bei gerade mal 26 Jahren, was für Demonstrationen im Allgemeinen ein sehr niedriger mittlerer Wert ist (Wahlström et al., 2019, S. 70). Dabei haben 16- bis 29-Jährige eine signifikant höhere Bedrohungswahrnehmung in Bezug auf den Klimawandel, da sie auch von den Folgen des Klimawandels am stärksten betroffen sein werden. In diesem Kontext werden häufig Emotionen wie Wut, Angst, Frust und Sorge im Hinblick auf den Klimawandel und die Zukunft genannt (Grund & Brock, 2020, S. 14; Neuber & Gardner, 2020, S. 132–133). Untersuchungen der Protestbewegung in Europa zeigen, dass vor allem bei den frühen Protesten überwiegend junge Schülerinnen und Schüler aktiv waren, was verglichen mit vergangenen Umweltbewegungen einzigartig ist. So lag der Anteil an Jugendlichen am 15. März bei ca. 70 % und erst im Zeitverlauf der folgenden Demonstrationen nahmen mehr und mehr Erwachsene an den Protesten teil (Neuber & Gardner, 2020, S. 120). *Bortfeldt und Boscheinen* (2020, S. 53) zeigen, dass auch drei Jahre nach Beginn der Bewegung 50 % der Aktivisten von Fridays for Future in Deutschland 18 Jahre oder jünger sind. Im Vergleich mit anderen Umweltbewegungen weisen die Demonstrierenden bei FFF zwar ebenfalls einen hohen Bildungshintergrund auf, vergangene Bewegungen sind jedoch oftmals aus Studierendenbewegungen, als Folge von Bauernaufständen oder aus NGOs entstanden und hatten in ihrer strukturellen Zusammensetzung einen hohen Anteil an männlichen Anhängern. Fridays for Future hingegen ist nicht nur eine Bewegung von jungen Schülerinnen und Schülern, sondern hatte insbesondere bei den frühen Protesten einen wesentlich höheren Anteil an Demonstrantinnen (mehr als 65 %). Auch wenn es hierfür bislang keine eindeutigen wissenschaftlichen Belege gibt, liegt die Vermutung nahe, dass sich viele junge Mädchen auch von den weiblichen Leitfiguren (*Greta Thunberg* in Schweden, *Luisa Neubauer* in Deutschland) angesprochen fühlen und sich deshalb häufiger am Klimastreik beteiligen (Wahlström et al., 2019, S. 9 f., S. 71). Mit steigenden Teilnehmerzahlen bei den Protesten und dem Aufkommen von weiteren Gruppen wie Scientists for Future oder Parents for Future lässt sich in Bezug auf die Protestbeteiligung kein signifikanter Unterschied mehr zwischen den Geschlechtern feststellen – auch nicht, als die Proteste im Jahr 2020 aufgrund der Corona-Pandemie primär virtuell stattfanden (Hunger & Hutter, 2020, S. 3; Koos & Naumann, 2019, S. 8; Neuber & Gardner, 2020, 120 f.).

Gemein haben die FFF-Bewegung wie auch andere Umweltbewegungen in Deutschland und weltweit, dass die Demonstrierenden zumeist über einen höheren bis hohen Bildungshintergrund verfügen und zu großen Teilen aus Akademikerfamilien stammen (Hunger & Hutter, 2020, S. 3; Koos & Naumann, 2019, S. 8; Neuber & Gardner, 2020, 120 f.). Auch die Untersuchung der Autoren stützen die Zahlen des *Protestinstituts* aus Berlin. Etwas mehr als 50 % der Väter der FFF-Aktiven und etwas weniger als 50 % der Mütter der FFF-Aktiven verfügen über einen akademischen Abschluss. Verglichen mit dem Wert an Akademikern in der Alterskohorte der 50- bis 60-jährigen Elterngeneration im gesamtdeutschen Durchschnitt im Jahr 2018 wird deutlich, dass es sich bei Fridays for Future um eine elitär geprägte Bewegung handelt, da der Bundesdurchschnitt in der Kohorte bei lediglich 19,32 % liegt (Bortfeldt & Boscheinen, 2020, S. 58; Fuchs, 2021; Statistisches Bundesamt, 2018). Das lässt sich insofern untermauern, als bei der deutschlandweiten Befragung weniger als zehn Prozent der Teilnehmenden über einen Gesamt- oder mittleren Schulabschluss verfügen, während mehr als 80 % das Abitur anstreben oder bereits eine höhere Qualifikation erlangt haben (Bortfeldt & Boscheinen, 2020, S. 55).

Die wissenschaftsnahe und sich auf wissenschaftliche Erkenntnisse berufende Bewegung steht damit vor ähnlichen Herausforderungen wie die Wissenschaft selbst. FFF muss es gelingen, den Komplex Klimawandel aus wissenschaftlichen Sphären zu heben und zielgruppengerecht zu kommunizieren. Eine zentrale zukünftige Aufgabe der Bewegung wird es deshalb sein, verstärkt Menschen mit geringerem Bildungshintergrund für das Thema zu begeistern und Zugang zu anderen sozialen Milieus und Kohorten zu erlangen. Dies wird nur funktionieren, wenn es den handelnden Politikerinnen und Politiker, den Demonstrierenden und den Forschenden gelingt, Erkenntnisse, Entscheidungen und Studienergebnisse so verständlich zu machen, dass sie möglichst allen Menschen zugänglich sind, ohne dabei den Sinn zu verfälschen oder die Informationstiefe zu mindern. FFF steht vor der Herausforderung, weitere Teile der Gesellschaft zu involvieren und zu affizieren (Wahlström et al., 2019, S. 18).

3.2 Fridays for Future in Deutschland – Entwicklung der Bewegung und Einblick in die Welt der Aktivist:innen

Auch in Deutschland formierte sich die Bewegung kurze Zeit nach der intensiven medialen Berichterstattung über *Greta Thunberg* und schon im September 2018 fanden erste Proteste unter der Flagge von Fridays for Future in Berlin statt (Neuber & Gardner, 2020, S. 118). Die Bewegung weitete sich daraufhin innerhalb von Deutschland immer stärker aus, wodurch am ersten internationalen Aktionstag am 15. März 2019 bereits 222 Demonstrationen mit insgesamt etwa 300.000 Teilnehmenden in Deutschland verzeichnet wurden (Hunger & Hutter, 2020, S. 1; Neuber & Gardner, 2020, S. 118). Seit diesem ersten internationalen wie nationalen Ausrufezeichen der Bewegung institutionalisierten sich die Freitagsproteste vor allem in Großstädten wie Berlin, Bremen oder Hamburg und erhielten zunehmend Unterstützung durch andere sich formierende Gruppen wie Parents for Future, Students for Future oder Scientists for Future (Koos & Naumann, 2019, S. 3). Letztgenannte Bewegung kann dabei durchaus als eine Art Wegbereiter von Fridays for Future verstanden werden, auch wenn sich Scientists for Future formell erst nach FFF etablierten. Im Jahr 2017 fand der weltweite „March for Science" statt, bei dem Wissenschaftler:innen auf der ganzen Welt gegen die Etablierung und Verbreitung von sogenannten *alternativen Fakten* auf die Straße gingen. Zentrale Themen waren dabei die Relevanz und die Faktenbasiertheit von Wissenschaft – oftmals exemplarisch dargestellt am Thema Klimawandel und der Leugnung des menschengemachten Klimawandels (Kühne, 2019, S. 2).

Auch in Universitätsstädten und politisch ‚grün geprägten' Städten wie Freiburg, Heidelberg oder Tübingen formierten sich zunehmend Unterstützer:innen der Bewegung (Hunger & Hutter, 2020, S. 2). Beim dritten weltweiten Streik, am 20. September 2019, waren bereits 1,4 Mio. Menschen im Namen von Fridays for Future auf den Straßen, wodurch FFF im historischen Kontext von Umweltbewegungen als eine der mächtigsten sozialen Bewegungen in der deutschen Geschichte angesehen werden kann (Hunger & Hutter, 2020, S. 1). Mittlerweile umfasst die Bewegung mehr als 650 Lokalgruppen, die sich teilweise in Untergruppen aufteilen und für die Organisation von Protesten und die Durchführung von abgestimmten Aktionen zuständig sind. Damit hat sich die Bewegung von einer Jugendbewegung hin zu einer umfassenden sozialen Bewegung in der Gesellschaft entwickelt (Mucha et al., 2020, 263 f.).

Fridays for Future Deutschland hat dabei klare Ziele formuliert, die sie erreichen wollen und für deren Erreichung sie Maßnahmen von der Politik einfordern.

Mithilfe dieser Maßnahmen ist die Einhaltung der Ziele des *Pariser Klimaab-kommens* sowie des 1,5-Grad-Zieles möglich. Um dies zu realisieren, wurden drei unmittelbar zu erreichende Ziele definiert sowie drei weitere Ziele, die bis spätestens 2035 erreicht werden sollen:

- Nettonullemissionen bis zum Jahr 2035
- Kohleausstieg bis 2030
- 100 % erneuerbare Energieversorgung bis 2035
- Sofortige Beendigung der Subventionierung von fossilen Energieträgern
- Sofortige Abschaltung von ¼ der Kohlekraftwerke
- Sofortige Einführung einer CO_2-Steuer auf alle Treibhausgasemissionen mit der Empfehlung von 180 EUR pro Tonne

Nach starker Kritik an der Radikalität der Maßnahmen und Zweifeln an einer Umsetzbarkeit aus den Reihen der Politik und Wirtschaft hat die FFF-Bewegung beim renommierten *Wuppertal Institut für Klima, Umwelt und Energie* eine Mach-barkeitsstudie in Auftrag gegeben, welche die technische Umsetzbarkeit der Forderungen bestätigt (Fridays For Future, 2018) (Abb. 3.1).

Das *Institut für Protest- und Bewegungsforschung* aus Berlin führte begleitend zu dem ersten Aktionstag und den damit stattfindenden Demonstrationen zusam-men mit Forschenden aus Schweden, Belgien, der Schweiz, den Niederlanden, Polen, Österreich, Italien und dem Vereinigten Königreich eine erste Befragung unter Protestierenden bei den in über 130 Ländern stattfinden Protesten der Fri-days for Future-Bewegung durch. Hierdurch konnte ein erster Eindruck davon gewonnen werden, wer bei FFF aktiv ist, wie alt die Teilnehmenden sind und woher sie kommen. Die Gründe des Protestes sind dabei vielfältig. Auf der einen Seite gehen die jungen Menschen gegen die gegenwärtig betriebene Poli-tik auf die Straße, da diese für sie hinsichtlich Klimaschutz und Umweltschutz nicht weitreichend genug ist. Auf der anderen Seite sind die Demonstratio-nen eng mit Zukunftssorgen der Protestierenden verbunden: Die Protestierenden adressieren die Langzeitwirkungen des Klimawandels, durch die sie sich ihrer Lebensgrundlage beraubt sehen (Wahlström et al., 2019, S. 75). Dabei finden die Demonstrationen sehr themenfokussiert statt. Auch Kritik an der Bewegung, bei-spielsweise von Seiten der *AfD* oder *FDP,* wird in den Demonstrationen nicht oder nur geringfügig aufgegriffen (Neuber & Gardner, 2020, S. 118 f.). Vor allem zu Beginn wurde der Bewegung von konservativen Kreisen vorgeworfen, lediglich die Schulpflicht umgehen zu wollen, populistisch zu agieren und die Gesamtsi-tuation aufgrund ihres jungen Alters und unzureichenden Sachkenntnissen nicht beurteilen zu können (Koos & Naumann, 2019, S. 7; Wahlström et al., 2019,

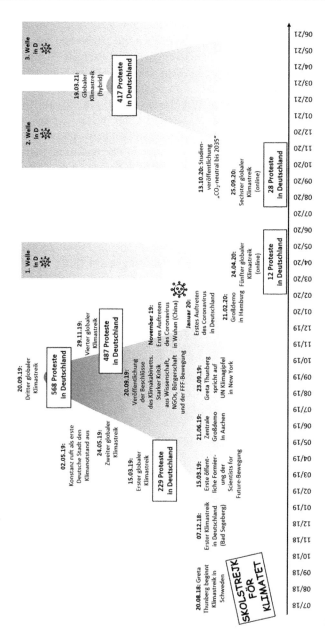

Abb. 3.1 Eigene Darstellung

S. 69). Dass dies nicht der Fall ist, stellt die Bewegung nicht nur aufgrund ihrer Konstanz und ihres kontinuierlichen Wachstums unter Beweis, sondern auch in Gesprächen mit führenden Politiker:innen und Parteien. Vertreter:innen der Bewegung betonen zudem, dass ihr ‚Schulschwänzen' kein Ungehorsam sei, sondern ein geringer Preis dafür, dass auch nachfolgende Generationen in einer zukunftsfähigen Welt leben dürften (Wehrden et al., 2019, S. 307 f.). Unterstützung finden sie dabei auch aus der Wissenschaft, auf die sie sich berufen. Als Reaktion auf *Christian Lindners* (Vorsitzender der FDP) Forderungen, die Diskussionen um den Klimawandel „lieber den Profis" zu überlassen, reagierte *Volker Quaschning,* Professor für Regenerative Energiesysteme an der *HTW Berlin* und Gründungsmitglied der Scientists for Future-Bewegung in Deutschland, knapp, aber deutlich: „Wir sind die Profis und sagen: Die junge Generation hat recht" (Brech, 2019).

Auch das Verständnis für die Proteste in der Gesellschaft ist zunehmend gegeben. Erhebungen machen deutlich, dass mehr als die Hälfte der Deutschen den Klimaprotest der jungen Menschen in Ordnung findet (Koos & Naumann, 2019, S. 7). Eine starke Befürworterin der Bewegung ist dabei Bundeskanzlerin *Angela Merkel,* die sich unter anderem bei einem Besuch des Berliner *Thomas-Mann-Gymnasiums* im April 2019 gegenüber den Schüler:innen wie folgt zu der Protestbewegung äußerte: „Dass dieses Signal gesetzt wird, 'da gibt es Sorge' – das ist für uns gut", [es ist richtig], dass ihr uns Dampf macht" (Reuters, 2019). FFF macht deutlich, dass gesellschaftliche Transformation nur erreicht werden kann, wenn die Verantwortung für eine gemeinsame Zukunft geteilt und zeitgleich akzeptiert wird, dass diese Verantwortung unterschiedlich verteilt ist (Wehrden et al., 2019, S. 309).

Um ein differenziertes Bild von der Fridays for Future-Bewegung in Deutschland zu erhalten, untersuchten die Autoren aus Biberach und Neu-Ulm im Frühjahr 2020 die Bewegung in einer Online-Befragung über die Messenger-Gruppen von FFF via *Telegram* und *WhatsApp.* 645 Regionalgruppen wurden hierzu kontaktiert und um eine Verbreitung der Befragung in den Organisationsgruppen gebeten. Aus den über 1.000 beantworteten Befragungssätzen konnten nach einer wissenschaftlichen Bereinigung (Entfernung von abgebrochenen, unzureichend ausgefüllten oder manipulierten Datensätzen) des Datensatzes 764 ausgefüllte Fragebögen ausgewertet werden (Bortfeldt & Boscheinen, 2020, S. 3). Die bislang umfangreichste Befragung Deutschlands über die FFF-Aktiven gibt somit nicht nur neue Einblicke in die Motive und Struktur der FFF-Bewegung, sondern deckt zugleich auf, welchen Einfluss die Corona-Pandemie auf die Bewegung hat und vor welchen Herausforderungen die Bewegung steht.

Die Untersuchung der Bewegung startete in die Erhebung während des ersten Lockdowns[1] in Deutschland, der zur Eindämmung der Corona-Pandemie durchgeführt wurde. Trotz der Omnipräsenz des Themas Corona in den Medien und die durch den Lockdown verhängten Einschränkungen, hatte das Thema nur bedingt Einfluss auf die Agenda der FFF-Bewegung. So gaben die FFF-Aktiven mit über 90 % an, dass das Thema Umwelt- und Klimaschutz das größte Problem ist, dem Deutschland gegenübersteht. Vergleichende Studien des *Umweltbundesamtes (UBA)* zeigten einen wesentlich höheren Einfluss zeitpolitischer Entwicklungen wie der Fluchtbewegungen im Jahr 2015 (vgl. ebenda, S. 11 f.). Auch gesamtgesellschaftlich wird der Klima- und Umweltschutz mit über 60 % Zustimmung als eines der größten derzeitigen Probleme Deutschlands angesehen (Hunger & Hutter, 2020, S. 4). Die Bewegung schaffte es durch ihre starke Präsenz im öffentlichen Raum und das damit in Verbindung aufkommende mediale Interesse innerhalb von kurzer Zeit, die Klimakrise in das Zentrum des gesellschaftlichen Bewusstseins zu rücken und das individuelle Verhältnis zwischen Mensch und Umwelt zu schärfen (Grund & Brock, 2020, S. 1; Koos & Naumann, 2019, S. 2–4). FFF ist Wegbereiter eines öffentlichen Diskurses über das Thema Klimawandel und übt politischen Einfluss aus, denn die Bewegung ist überzeugt davon, dass die Politik aufgeweckt werden muss, um aktiv zu handeln (Gössling et al., 2020, S. 3; Wahlström et al., 2019, S. 16).

Vorbild der Bewegung ist dabei *Greta Thunberg,* die trotz ihres jungen Alters auf Konferenzen und vor Delegationen spricht und verdeutlicht: „We can't save the world by playing by the rules, because the rules have to be changed. Everything needs to change – and it has to start today" (Thunberg, 2021). Das Engagement der Bewegung führte nicht zuletzt dazu, dass die Stadt Konstanz durch den aufkommenden gesellschaftlich ausgeübten Nachdruck und die Aktivitäten von Fridays for Future als erste deutsche Stadt im Mai 2019 den Klimanotstand ausrief, dem sich noch mehr als 50 weitere Städte in Deutschland anschlossen (Stadt Konstanz, 2019, S. 6).

FFF als erster Kontaktpunkt mit Politik

Für viele Schülerinnen und Schüler ist Fridays for Future die erste Berührung mit dem Thema Demonstration; ältere Jugendliche und Erwachsene hingegen haben zu großen Teilen schon häufiger an Demonstrationen teilgenommen (Sommer et al., 2019, S. 22). Die politische Orientierung der Protestierenden ist dabei zu großen Teilen links und grün geprägt, allerdings geben bei den Schüler:innen auch mehr

---

[1] Erster Lockdown in Deutschland, beginnend am 22. März 2020, andauernd bis zum 6. Mai 2020.

als 50 % an, keine explizite Parteipräferenz zu besitzen. Dies ist ggf. auf die fehlende Wahlberechtigung zurückzuführen, kann jedoch durch die Erhebung nicht abschließend beantwortet werden (Sommer et al., 2019, S. 30). Auch die Untersuchung der Autoren des *essentials* zeigt, dass bei der Sonntagsfrage vor allem die Parteien *Die Grünen* (61 %) und *Die Linke* (20 %) Zuspruch seitens der jungen Aktivist:innen erhalten. Den Parteien SPD und CDU/CSU trauen die FFF-Aktiven nicht zu, Politik im Sinne des Klimaschutzes und der gesellschaftlichen Gerechtigkeit zu betreiben und Dinge im Sinne des Klimawandels zum Guten zu wenden (Bortfeldt & Boscheinen, 2020, S. 50; Wahlström et al., 2019, S. 78).

Allerdings zeigen alle Studienergebnisse zu FFF bislang auch, dass die Bewegung zumeist dem Bildungsbürgertum entstammt und in knapp 50 % der Haushalte die Mutter, der Vater oder beide Elternteile über einen akademischen Abschluss verfügen. Die Bewegung ist dadurch zwar aus der Zivilgesellschaft (bottom-up) entstanden, indessen keine Bewegung der breiten Bürgerschaft oder der bürgerlichen Mitte (vgl. ebenda, S. 58 f.). Sehr prägend ist das Kommunikationsverhalten der Bewegung, die sich überwiegend über Instant-Messaging-Diensten organisiert und kommuniziert *(WhatsApp, Telegram)*. Entsprechend der Altersstruktur und der generationalen Merkmale der Generation Z spielen soziale Medien wie *YouTube* und Internetquellen wie Webseiten eine übergeordnete Rolle in der Informationsbeschaffung im Allgemeinen, aber auch bei politischen Fragen (Bortfeldt & Boscheinen, 2020, S. 16 f.; Orde & Durner, 2020, S. 16). Nach persönlichen Gesprächen (69 %) finden sich mit 67 % Nachrichtenseiten im Internet sowie Nachrichten-Apps auf dem zweiten Platz der bevorzugten Informationsquellen zu politischen Fragen (Orde & Durner, 2020, S. 11).

Kommunikation dient bei Fridays for Future nicht nur als Sprachrohr und Katalysator der Bewegung, sondern auch der Selbstorganisation. Welchen Einfluss digitale Entwicklungen auf Protestbewegungen haben und wie sich Kommunikation seit den Umweltbewegungen der 70er Jahre entwickelt hat, ist Gegenstand des nachfolgenden Kapitels.

3.3 Kommunikationsverhalten, Einfluss der Digitalisierung und begünstigende Faktoren bei Protestbewegungen

Kommunikation bestimmt nicht nur unseren Alltag, sondern auch die Art und Weise, wie sich Protestbewegungen untereinander verständigen, nach außen kommunizieren und medial in Erscheinung treten. *Klaus Merten* setzte sich bereits in den 1970er Jahren intensiv mit dem Begriff der Kommunikation auseinander und versteht unter Kommunikation „das kleinste soziale System zeitlich-sachlich-sozialer Reflexivität, dass durch Interaktion der Kommunikanten Behandlung von Handlungen erlaubt und soziale Strukturen ausdifferenziert" (Merten, 1977, S. 163). Basierend auf der Definition nach *Merten* lassen sich interpersonale (zwischen zwei oder mehreren Menschen) und massenmediale Kommunikation unterscheiden (Friemel, 2017, S. 17 f.).

Mit Blick auf die Entwicklungen der vergangenen 50 Jahre sind vor allem die Technologisierung und die Digitalisierung entscheidende Einflussfaktoren, die das Kommunikationsverhalten sowohl auf interpersoneller als auch auf massenmedialer Ebene entscheidend verändert haben. Während die Generation der Babyboomer vornehmlich mit der Umstellung von Schwarz-Weiß-Fernsehen auf Farbfernsehen, gedruckten Zeitungen und Schnurtelefonen groß wurden, ist die heutige Jugendgeneration (Generation Z) ausnahmslos mit bereits bestehenden Kommunikations- und Informationstechnologien wie Internet oder Smartphones herangewachsen und sozialisiert worden. Das Leben vor diesen technologischen Entwicklungen kennt die Generation lediglich aus Erzählungen von Älteren oder aus Büchern und Berichten (Krüger, 2016, S. 45 f.; Mörstedt, o. J., S. 3). Auch in Bezug auf die Umweltbewegungen hat sich vor allem die interpersonelle Kommunikation entscheidend verändert. Technologischer Fortschritt, die Etablierung von mobilen Endgeräten und Instant-Messaging-Diensten sowie die schnelle und unkomplizierte Vernetzung mittels sozialer Netzwerke erlaubt nicht nur im privaten Umfeld eine neue Art der Kommunikation. Auch Meinungen (bspw. durch Influencer) und Bewegungsanstöße können heute innerhalb kürzester Zeit eine Vielzahl von Menschen erreichen und mobilisieren.

Diese Entwicklung hat auch auf andere Bewegungen Einfluss (Balabanis & Chatzopoulou, 2019, S. 243 f.; Gleich, 2019, S. 253 f.; Melucci, 1999, S. 127 f.). Soziale Medien unterstützten und ermöglichten beispielsweise die Protestbewegungen gegen die autoritären Führungen in der arabischen Welt („arabischer Frühling") durch ihr technologisches Konstrukt, indem sich der Aufstand gegen die herrschende Politik mithilfe von Algorithmen wie ein Lauffeuer unter den Nutzer:innen verbreitete, selbst wenn diese zuvor überhaupt nicht politisch aktiv waren (ASDA'A Burson-Marsteller, 2012; Heimgartner et al., 2016, S. 207 f.).

Auch das Kommunikationsverhalten der Fridays for Future-Bewegung wurde durch die nahezu vollständige Digitalisierung der jungen Generation stark beeinflusst. Allerdings ist die Stärke und Tragweite der Bewegung nicht vollständig auf die Digitalisierung zurückzuführen, sondern vielmehr ein Zusammenspiel unterschiedlicher, sich gegenseitig begünstigender Faktoren, die im Folgenden näher beleuchtet werden.

3.3.1 Schulen als Nährboden der Proteste

Wie bereits eingangs vorgestellt, ist Fridays for Future vornehmlich von Schülerinnen und Schülern initiiert und vorangetrieben worden. Ein entscheidender Faktor für die Reichweite der Bewegung sind die Schulen selbst, an denen sich die Schülerinnen und Schüler austauschen und miteinander interagieren. Schulnetzwerke ermöglichen somit die Mobilisierung von größeren Massen über eine Art Schneeballeffekt: Schüler:innen eines Unterrichtsfaches können in einer Schulstunde Mitschüler:innen für einen Protest anwerben, und in einer Folgestunde eines anderen Schulfaches können diese Schüler:innen andere Mitschüler:innen anwerben, vice versa. Dabei ist vor allem die direkte Kommunikation untereinander entscheidend. Somit kann binnen kürzester Zeit eine Vielzahl an Menschen durch persönliche Ansprache nicht nur zur Teilnahme motiviert, sondern durch die Durchmischung der Schulfächer selbst zu Multiplikator:innen werden (Wahlström et al., 2019, S. 11 f.). Studienergebnisse von *Wahlström et al.* (2019), *Haunss und Sommer* (2020b) sowie *Bortfeldt und Boscheinen* (2020) unterstreichen, dass die meisten FFF-Aktiven insbesondere zu Beginn der Bewegung durch persönliche Ansprachen von Freund:innen und Klassenkamerad:innen zu der Bewegung gekommen sind, was die Bedeutung von Schulen im Mobilisierungsprozess nochmals unterstreicht.

Während im Normalfall enorme zeitliche wie auch finanzielle Kosten und Anstrengungen bei der Mobilisierung von protestwilligen Personen anfallen, nutzt Fridays for Future die schon vorhandene Plattform Schule. Ein gesondertes Zusammenfinden ist bei Schulen in der Regel nicht notwendig, da aufgrund der Schulpflicht ein tägliches Aufsuchen des Schulgebäudes gegeben ist. Vor allem Gymnasien sind bis heute ein starker Nährboden der Bewegung (Haunss & Sommer, 2020b, S. 104 f.). Für *Haunss und Sommer* sind die Schulen ein wichtiges ‚soziales Relais' in der Mobilisierung für Proteste, da sie einen täglichen, direkten, persönlichen und schnellen Austausch von Informationen ermöglichen und dieser in einem gewohnten Umfeld stattfindet (Haunss & Sommer, 2020b, S. 107 f.). Schulen spielen daher sowohl für die interne Kommunikation der Bewegung in Bezug auf Organisation, Anwerbung und Absprachen eine entscheidende Rolle als auch für die externe Kommunikation hinsichtlich der Informationsweitergabe. Die Schulstreiks zwingen zudem Schulen, Schulverbände, Eltern wie auch Lehrer:innen dazu Haltung zu beziehen und diese öffentlich zu äußern. Der ansonsten oft als unpolitisch geltenden Jugend stand ihr „Schulschwänzen" gegenüber und nötigte damit Dritte, sich zum Thema Klimaschutz öffentlich zu äußern (Rucht & Rink, 2020, S. 102).

3.3.2 Der Greta-Effekt

Greta Thunberg wurde mit Beginn der Bewegung nahezu die alleinige mediale Aufmerksamkeit zuteil. Es ist nicht von der Hand zu weisen, dass *Thunberg* als Identifikationsperson eine Art Vorreiterrolle in der Bewegung eingenommen hat und für viele junge Menschen eine entscheidende Person im Rahmen ihres eigenen Mobilisierungsprozesses war, wenngleich die Bewegung keine offiziellen Vorstände oder Sprecher:innen hat (Maier et al., 2018, 6 f.; Mucha et al., 2020, S. 264). Ohne ihr exemplarisches Handeln wäre FFF vermutlich niemals entstanden. In der Protestforschung lässt sich der Beginn einer Protestbewegung selten so eindeutig auf das Verhalten einer einzelnen Person zurückführen (Haunss & Sommer, 2020a, S. 241).

Auch wenn die statistischen Zahlen aus der internationalen Erhebung einen weniger stark ausgeprägten Einfluss *Thunbergs* auf die Bewegung ausweisen und zudem im Zeitverlauf der Bewegung abnehmen, liefert *Thunberg* eine ideale Blaupause für die Übertragung der Bewegung in die ganze Welt (Haunss & Sommer, 2020b, S. 87 f.). Auch *Wahlström et al.* merken an, dass sich besonders junge Menschen von *Thunberg* angesprochen fühlten und persönlich motiviert wurden, um ebenfalls an der Bewegung teilzunehmen. Auf Erwachsene hatte *Greta Thunberg* einen wesentlich geringeren Einfluss (Wahlström et al., 2019, S. 77).

Bei einer Erhebung zu der Relevanz des Protestortes wurde zudem festgestellt, dass insbesondere junge Frauen und Mädchen ein hohes Mobilisierungspotential aufweisen, wenn ein Protest in erreichbarer Nähe zu ihrem Wohnort stattfindet. Ob ein direkter, statistisch signifikanter Zusammenhang zwischen der Person *Greta Thunberg* und der Mobilisierung junger Mädchen und Frauen besteht, konnte bislang statistisch nicht nachgewiesen werden. Eine Wirkung auf das Mobilisierungspotential liegt jedoch nahe (Koos & Naumann, 2019, S. 8).

Die Gesichter der Bewegung – ob *Greta Thunberg* in Schweden oder *Luise Neubauer* in Deutschland – sind nicht unumstritten, da der Personenkult auf der einen Seite stark polarisiert und Aktivisten mobilisieren kann, sie auf der anderen Seite als Einzelpersonen jedoch fehlbar sind und mit kontroversen Nachrichten und Meinungen in sozialen Netzwerken oder Fernsehshows anecken und offenbaren, dass auch sie noch dazu lernen müssen. Kritik an ihnen wird vor allem dann laut, wenn sie ihre Meinung zu Themen äußern, die den Rahmen des Klimaschutzes überschreiten (Maier et al., 2018, 6 f.; Neuber & Gardner, 2020, S. 133).

3.3.3 Digital Natives – Kommunikation im 21. Jahrhundert

Wie im Bereich der Generation Z bereits dargelegt, ist der zu Beginn aktive Personenkreis bei Fridays for Future vollkommen den sogenannten *Digital Natives* zuzuschreiben. Gängige Plattformen wie *YouTube, Instagram,* Instant-Messaging-Dienste wie *WhatsApp* oder *Telegram* gehören für die Generation Z zur Alltagsroutine und beeinflussen ihr Kommunikationsverhalten immanent. Fast 91 % der Generation Z geben in der repräsentativen Studie *Verbrauchs- und Medienanalyse 2021* an, mehrmals in der Woche in sozialen Medien aktiv zu sein (VuMA Touchpoints 2021). Das Smartphone, Laptops und weitere technische Endgeräte gehören zum Alltag der Generation und erweitern deren Kommunikationsmöglichkeiten. Dadurch gelang es der Bewegung innerhalb kürzester Zeit, unterschiedliche gesellschaftliche Gruppen zusammenzuführen und über Messaging-Gruppen miteinander zu verbinden. Sehr schnell wurden dabei regionale Gruppen gebildet, die sich hinsichtlich ihrer inhaltlichen Ausrichtung und ihrer Kommunikationsrichtung unterscheiden (Wehrden et al., 2019, S. 308 f.). So bildeten sich insbesondere in größeren Städten Informationsgruppen, in denen der primäre Fokus auf einer sendergesteuerten Informationsweitergabe lag und in denen die Teilnehmenden nur rezipieren und Nachrichten von Administratoren der Gruppen empfangen, aber nicht interagieren konnten. Die Gruppen dienen primär der Bewerbung von Protesten, dem Hinweis auf Veranstaltung und der sachlichen Information von Neuigkeiten. Parallel dazu wurden Organisationsgruppen eingerichtet, in denen sich aktive Teilnehmer:innen von FFF einbringen und die lokale Organisation mitbestimmen können. Die Kommunikation findet dabei direkt und bidirektional statt. Soziale Medien etablierten sich somit schnell als wichtigste Informationsquelle nach persönlichen Gesprächen mit Freund:innen und Klassenkamerad:innen (Mucha et al., 2020, S. 272 f.; Neuber & Gardner, 2020, S. 130).

3.3.4 Der öffentliche Raum und die Medienberichterstattung als Kommunikationsverstärker

Joachim Raschke präge im Zusammenhang mit sozialen Bewegungen den Satz: „Eine Bewegung, über die nicht berichtet wird, findet nicht statt" (Raschke, 1987, S. 343). Mit dem Aufkommen der Fridays for Future-Bewegung nahm auch deren Präsenz im öffentlichen Raum kontinuierlich zu. Ausgehend von lokalen Streiks in größeren Städten wie Bremen oder Berlin erreichte die Bewegung nach und nach auch kleiner Städte und Gemeinden. Begleitet wird die Bewegung dabei nicht nur von Sympathisant:innen und Gegensprecher:innen, sondern auch von Medien und Zeitungen, die ebenso einen digitalen Diskurs fördern. Dies zeigen beispielsweise auch Suchanfragen zum Suchwort Klimawandel, die vor allem bei den nationalen und internationalen Klimastreiks von FFF besonders häufig auftreten und die Präsenz des Themas im öffentlichen Raum nochmals unterstreichen (Haunss & Sommer, 2020b, S. 10).

Bereits im Rahmen von *Greta Thunbergs* Aktivitäten in Schweden nahmen der öffentliche Raum und die mediale Berichterstattung eine zentrale Rolle in der FFF-Bewegung ein. Dabei fällt das Verhältnis zwischen Bewegung und Medien nicht zwingend harmonisch aus, sondern gestaltet sich vielmehr als Gratwanderung zwischen ambivalenten Perspektiven. Erkenntnisse aus der Klimawandelberichterstattung zeigen, dass sich Klimabewegungen dabei kontinuierlich zwischen Weltuntergangsszenarien, Ökoverschwörung und wissenschaftlicher Expertise bewegen, was in der Gesellschaft unterschiedliche Reaktionen aufseiten der Rezipient:innen auslöst (Weingart et al., 2007).

Für Medienpartner sind insbesondere die Themen berichtenswert, die einen hohen Nachrichtenwert besitzen, das heißt, durch besondere Vorkommnisse, eine Beteiligung von prominenten Personen o. Ä. geprägt sind (Maier et al., 2018, S. 16 f.). Im Falle von Fridays for Future fand die Bewegung sehr schnell Unterstützung aus der Politik, aus dem Bereich Celebrity, der Musikszene und durch weitere Personen des öffentlichen Lebens – aber vor allem auch aus der Wissenschaft. Mit Beginn des Jahres 2019 etablierte sich neben der FFF-Bewegung die Scientist for Future-Bewegung, welche die wissenschaftliche Fundierung nochmals untermauert und als Rückgrat der Bewegung fungiert (Kühne, 2019, S. 1).

Goldenbaum und Thompson analysierten in ihrer Untersuchung zur Medienberichterstattung über FFF die Berichterstattungshäufigkeit zu Fridays for Future in den drei Printmedien *taz, Welt* und *Süddeutsche Zeitung* und stellen eindrucksvoll die Häufigkeit der Berichterstattung dar. Ähnlich wie bei den Suchanfragen zum Wort Klimawandel nahm die Berichterstattung anlässlich der globalen Klimastreiks seit Beginn der Bewegung kontinuierlich zu (Goldenbaum & Thompson, 2020, S. 187). Dabei war die Berichterstattung vor allem zu Beginn der Bewegung immer wieder negativ konnotiert, da an der Bewegung öffentlich Kritik geäußert (bspw. durch Christian Lindner) und ihnen Wissen und Verständnis in Bezug auf den Komplex Klimawandel abgesprochen wurde. Den überwiegend jungen Schülerinnen und Schülern wurde dabei öffentlich nahegelegt, sich mit Themen auseinanderzusetzen, die weniger komplex und altersgerechter seien, die Proteste einzustellen und gleichsam den Schulbesuch wiederaufzunehmen (Goldenbaum & Thompson, 2020, S. 195).

Insbesondere zu Beginn der Bewegung erhielt FFF schnell und unkomplizierte Unterstützung von bereits etablierten Organisationen wie dem BUND, Greenpeace und weitere Umweltverbände, über welche beispielsweise Plakate gedruckt werden oder ein Spendenkonto eingerichtet werden konnte. Ohne diese infrastrukturelle Unterstützung wäre die rasche und flächendeckende Ausweitung der Bewegung vermutlich langsamer vollzogen worden (Rucht & Rink, 2020, S. 105). Durch die wissenschaftliche Fundierung der Bewegung, die bewusste öffentliche Auseinandersetzung mit der Politik, die Unterstützung etablierter Organisationen und die gezielte Konfrontation in medialen Talkformaten wie Maybritt Illner, Markus Lanz o. Ä. setzt die Bewegung klare Signale, unterstreicht ihre Position und weist Kritiker:innen gezielt zurück.

3.3.5 Einfluss der Corona-Pandemie

Mit der aufkommenden Corona-Pandemie im März 2020 und den damit verbundenen Einschränkungen im öffentlichen und privaten Raum veränderte sich auch das Kommunikationsverhalten der Bewegung. Die wichtigste Ressource der externen Kommunikation, der öffentliche Raum, konnte durch die aufkommende pandemische Lage nicht länger für Großdemonstrationen und Massenproteste genutzt werden (Mucha et al., 2020, S. 264). Durch die digitale Sozialisierung der Bewegungsanhänger:innen gelang die Übertragung des Demonstrationsraumes von der realen in die digitale Welt ohne größere Schwierigkeiten, wodurch die Bewegung in einer weltweit und gesamtgesellschaftlich schwierigen Lage enorme Resilienz bewies (Mucha et al., 2020, S. 261–263). So fand bereits kurz nach Bekanntwerden der starken Einschränkungen zur Eindämmung der pandemischen Situation am 24. April 2020 unter dem Motto *#FightEveryCrisis* der erste digitale Klimastreik statt, an dem über 19.000 Menschen in Deutschland teilnahmen. Via Livestream konnten Interessierte an den Beiträgen von Aktivist:innen, Künstler:innen und Wissenschaftler:innen teilhaben und sich beispielsweise per Chat einbringen. Ferner wurden sie aufgerufen, Protestbilder oder Plakate in den sozialen Netzwerken unter einem gemeinsamen Protest-Hashtag zu teilen (Deutschmann et al., 2020, S. 723; Hunger & Hutter, 2020, S. 1). Zudem rief Fridays for Future Deutschland im Rahmen des Netzstreikes dazu auf, auf ihrer Webseite in einer Online-Karte von Deutschland digitale Protestaktionen und Demoschilder zu platzieren (sog. „Micro-Streiks"), um auch digital ein Zeichen dafür zu setzen, dass trotz Einschränkungen im öffentlichen Leben das Thema Klimaschutz nicht verschwindet (Fridays For Future, 2020). Bis zum Abend des 24. Aprils 2020 hatten sich über 62.000 Personen mit einer Aktion auf der Webseite eingetragen (Hunger & Hutter, 2020, S. 1). Parallel zum Online-Protest fanden gezielte Protestaktionen im öffentlichen Raum statt, bei denen die geltenden Corona-Maßnahmen eingehalten wurden und Aktivist:innen unterschiedlicher Lokalgruppen auf dem Rasen vor dem Bundestag in einer Art stiller Kunstaktion Plakate mit mahnenden Worten wie *There is no Planet B* oder *Es ist fünf nach zwölf* niederlegten (Hunger & Hutter, 2020, S. 1; Mucha et al., 2020, S. 264). Die Beteiligung bei den Online-Protesten weist dabei eine ähnliche soziodemographische Zusammensetzung der Demonstrierenden auf wie bei Protesten in Präsenz (überwiegend unter 30 Jahre alt, starke Beteiligung weiblicher Demonstrierender, überwiegend abgeschlossener oder angestrebter akademischer Abschluss). Die Anzahl der Teilnehmenden und auch die mediale Berichterstattung fällt dabei zwar bedeutend geringer aus als bei Protesten in Präsenz – der digitale Protest in dieser Form ist allerdings bislang einzigartig (Hunger & Hutter, 2020, S. 3).

Die Untersuchung von *Bortfeldt und Boscheinen* während des ersten Corona-Lockdowns 2020 untermauert das Engagement und die Standhaftigkeit der Aktivisten. So geben 90 % der Befragten an, dass die Themen Umwelt- und Klimaschutz gegenwärtig die größten Herausforderungen sind, denen Deutschland gegenübersteht, und dies in einer Zeit, in der das öffentliche Leben auf ein Minimum reduziert wurde und wirtschaftliche und gesellschaftliche Folgen noch nicht abzusehen waren (2020, S. 8).

Mit einer sich bessernden pandemischen Lage und fallenden Inzidenzen konnten im Herbst 2020 unter Beachtung und Einhaltung der geltenden Pandemiebestimmungen größere Demonstrationen wieder in Präsenz stattfinden. Seit Ausbruch der Corona-Pandemie findet der Protest somit nicht nur im öffentlichen Raum statt, sondern wird digital verstärkt oder vollständig als digitaler Protest durchgeführt. Welchen Einfluss die Corona-Pandemie langfristig auf die Entwicklung der Bewegung hat oder haben wird, bleibt aufgrund einer geringen Anzahl an Studien und ausbleibenden Erfahrungen dieser Art, welche als Referenz herangezogen werden könnten, bislang unbeantwortet (Mucha et al., 2020, S. 264, S. 274).

3.4 Einfluss auf das Verhalten der Menschen und die Politiklandschaft in Deutschland

Fridays for Future hat geschafft, was vielen Aktivisten und Umweltbewegungen zuvor nicht geglückt ist. Durch das Engagement der jungen Aktivist:innen hat das Thema Klimawandel und Klimaschutz eine Aufmerksamkeit in der breiten

Gesellschaft erfahren, die ihm zuvor nie zuteil geworden war. Bevölkerungsbefragungen der letzten Jahre zeigen, dass sich immer mehr Menschen mit den Bereichen Nachhaltigkeit und Klimawandel und deren Auswirkung auf die eigene Lebensweise beschäftigen, wodurch Themen wie der Verzicht auf Fleisch oder Flugreisen oder auch nachhaltiger Konsum stärker in den Fokus der Gesellschaft geraten sind (Koos & Naumann, 2019, S. 2; Neuber & Gardner, 2020, S. 135 f.). Studienergebnisse aus Schweden belegen sogar, dass Haushalte in Schweden signifikant weniger Flugreisen antreten, wenn Kinder ihre Eltern darum bitten, auf Flugreisen zu verzichten, um das Klima zu schonen. Wenigflieger befürworten daraufhin eine weitere Reduzierung von Flügen, und Menschen, die gänzlich auf Flugreisen verzichten, präferieren sogar ein Verbot von Kurzstreckenflügen (Gössling et al., 2020, S. 3–8).

Auch in der Wahrnehmung in Deutschland finden Veränderungen statt: Zwischen 2017 und 2019 hat die wahrgenommene Bedrohung durch den Klimawandel zugenommen. Vor allem der Bereich der persönlichen Betroffenheit wird deutlich stärker gewichtet als noch vor 2017. Auch wenn kein direkter Zusammenhang zwischen der FFF-Bewegung und der Bewertung hergestellt werden kann, lässt die starke mediale Berichterstattung und der daraus resultierende öffentliche Diskurs zum Thema darauf schließen, dass Fridays for Future zur Verstärkung der wahrgenommenen Bedrohung durch den Klimawandel beigetragen hat (Koos & Naumann, 2019, S. 10). Auch die Studien des *Umweltbundesamtes* zum *Umweltbewusstsein in Deutschland* zeigen insbesondere im Jahr 2019 einen deutlichen Anstieg im Stellenwert von Umwelt- und Klimaschutz in der Bevölkerung, der durch die Autoren der Studien in einen direkten Zusammenhang mit Fridays for Future, deren Engagement und die mediale Begleitung gesetzt werden konnte. Vor allem junge Menschen haben dabei Verständnis für Demonstrierende, die für den Kampf gegen den Klimawandel einstehen, da dieser von ihnen persönlich als wesentlich stärkere Bedrohung wahrgenommen wird, als es beispielsweise bei älteren Bevölkerungsteilen der Fall ist (Koos & Naumann, 2019, S. 2). Generell nimmt der gesellschaftliche Stellenwert des Umwelt- und Klimaschutzes seit dem *Pariser Klimaabkommen* von 2015 kontinuierlich zu und fiel nur durch das Auftreten der Corona-Pandemie in der letzten Befragung des *UBA* auf das Niveau von 2018 zurück (Gellrich, 2021, S. 11–13). Auch Wetterextreme, wie die Überflutungen im Ahr- und Erfttal als Folge von Starkregen oder die Waldbrände im Mittelmeerraum, ausgelöst durch enorme Temperaturen von fast 50 Grad und anhaltende Trockenheit im Jahr 2021, feuern den öffentlichen Diskurs an. Eine Studie von 39 Wissenschaftlerinnen und Wissenschaftlern aus Europa zeigt, dass diese Wetterereignisse durch den Klimawandel in ihrer Häufigkeit zunehmen werden und durch ihn bedingt sind, mit schwerwiegenden Folgen für Mensch und

Natur (Kreienkamp et al., 2021). FFF und die Berichterstattung darüber nehmen auch direkt Einfluss auf die Politik. Durch die immanente Berichterstattung
zum Thema Klimaschutz und Klimawandel wurden die Landtagswahlen, welche
zwischen 2019 und 2020 stattfanden, maßgeblich beeinflusst. Die Partei *Bündnis
90/Die Grünen* konnten bei vier von fünf Wahlen zweistimmige Stimmzuwächse
realisieren, was unmittelbar auf die Präsenz der Themen in der Öffentlichkeit
zurückzuführen ist (Hauss & Sommer, 2020a, S. 239).

Allerdings stützen die Ergebnisse des *Umweltbundesamtes* die Erkenntnisse
aus der Protestforschung und der Fridays for Future-Bewegung, dass der Einsatz
gegen den Klimawandel vor allem auf den individuellen Handlungsbereich und
aus privilegierter Warte heraus erfolgt. So sind es vor allem finanziell gut situ-
ierte Haushalte und Personen mit hohem oder sehr hohem Bildungshintergrund,
die versuchen, ihre persönlichen Verhaltensweisen zu ändern und klimafreundli-
cher zu handeln (Gellrich, 2021, S. 20). Die FFF-Aktiven selbst geben an, dass sie
vor allem in ihrem eigenen Leben die Dinge verändern, auf welche sie direkten
Einfluss nehmen können. Sie fahren mehr Rad und nutzen öffentliche Verkehrs-
mittel, anstatt das Auto oder Flugzeug zu nutzen, sie versuchen, ihre Konsum-
und Essensgewohnheiten zu verändern und beispielsweise möglichst regional und
saisonal einzukaufen (Bortfeldt & Boscheinen, 2020, S. 24).

Auch in der Politik wird die Präsenz von Fridays for Future spürbar und beeinflusst mittelbar politische Entscheidungen und Handlungen. Druck auf die Politik
aufzubauen und zu Handlungen zu verleiten, ist dabei ein selbsterklärtes Ziel der
Aktivist:innen (Neuber & Gardner, 2020, S. 127; Wahlström et al., 2019, S. 15),
wenngleich keine der sechs Forderungen von Fridays for Future zufriedenstellend
im Klimaschutzgesetz der Bundesregierung von 2019 aufgenommen wurde (Bundesministerium für Umwelt, Naturschutz und nukleare Sicherheit, 2019). Auch
Bundeskanzlerin Merkel bescheinigt, dass durch Fridays for Future nochmals
zusätzlicher Druck auf die Regierung aufgebaut wird, ihren Versprechungen auch
Taten folgen zu lassen. Nicht zuletzt die erfolgreiche Anzeige acht junger Fridays for Future-Aktivist:innen gegen die Bundesregierung mit der Forderung nach
einer Nachschärfung des Klimaschutzgesetztes zeigt, dass FFF politischen Einfluss nimmt (Deutsche Presseagentur, 2021). Ihre Forderung in Richtung Politik
ist dabei klar: mehr handeln, statt nur zu reden.

Fridays for Future hat es geschafft, die Lücke zwischen wissenschaftlichen
Erkenntnissen, gesellschaftlicher Haltung und politischen Handlungen zu verklei-
nern, wenngleich sie nach wie vor besteht (Wehrden et al., 2019, S. 308 f.). Der
Bewegung wie auch der Wissenschaft muss es noch besser gelingen, wissenschaftliche Fakten zielgruppenspezifisch zu kommunizieren und aufzubereiten,
um möglichst alle Teile der Gesellschaft gleichsam erreichen zu können. Die

enge Verzahnung der Bewegung mit der Wissenschaft stellt dabei die Grundlage dar, um postfaktische Nachrichten zu unterbinden und weiterhin Druck auf die Politik auszuüben (Neuber & Gardner, 2020, S. 135 f.; Wehrden et al., 2019, S. 309).

3.5   Quo vadis, Fridays for Future?

Fridays for Future hat Umweltbewegungen in der öffentlichen Wahrnehmung und deren Akzeptanz auf eine neue Ebene gehoben. Nie zuvor haben sich so viele Menschen an einer Umweltbewegung beteiligt, nie zuvor hat eine Umweltbewegung so starken Einfluss auf Politik und Gesellschaft ausgeübt wie diese.

Die Corona-Pandemie hat gezeigt, dass die Bewegung nicht nur ein bemerkenswertes Rückgrat besitzt, sondern auch die Digitalisierung und die digitale Kommunikation geschickt für sich zu nutzen weiß. Hierdurch war es der Bewegung möglich – wenn auch nicht in der Stärke von Präsenzdemonstrationen – das Thema Klimawandel trotz schwieriger gesellschaftlicher Bedingungen stetig zu kommunizieren und im Gespräch zu halten. Mit den zunehmenden Möglichkeiten der Wiederaufnahme des öffentlichen Lebens ist die Bewegung auf die Straße zurückgekehrt. Entscheidend für den zukünftigen Erfolg von Fridays for Future und kommender Umweltbewegungen sind aus Sicht der Autoren folgende Aspekte:

Kontinuität

FFF hat bereits bewiesen, dass sie trotz Einschränkungen im öffentlichen Raum weiter an ihren Forderungen festhalten und die Politik dazu auffordern, klimaschützende und klimafreundliche Politik zu betreiben. Auch zukünftig muss die Bewegung immer wieder Menschen für sich begeistern, damit diese an Demonstrationen teilnehmen. Die Protagonist:innen, die die Bewegung aus der Wiege gehoben haben (Schulen, Schüler:innen) bilden dabei auch weiterhin eine entscheidende Basis, da diese Gruppe zeitlich und räumlich weit flexibler agieren kann als beispielsweise deren Elterngeneration oder andere Bewegungen wie Scientists for Future. Gelingt es der Bewegung, immer wieder junge Menschen zu erreichen und mitzunehmen, können die Zahlen der Demonstrationsteilnehmenden sogar noch steigen und FFF noch mehr Schlagkraft verleihen.

Bewegung der gesellschaftlichen Mitte

Noch ist Fridays for Future eine Bewegung, deren Teilnehmende häufig aus Akademikerhaushalten stammen und selbst eine akademische Ausbildung anstreben. Dies repräsentiert jedoch nur einen kleinen Teil der Gesellschaft. Umso wichtiger wird es zukünftig sein, dass FFF den personellen Blick über den Tellerrand hinaus bewerkstelligt und Menschen für das Thema begeistert, die zuvor wenig Interesse daran oder keine Berührung damit hatten. Dies kann auf der einen Seite über angepasste, zielgruppenspezifische Sprache stattfinden, auf der anderen Seite muss die Bewegung aber auch in Gesamtschulen, Haupt- oder Realschulen noch weiter Fuß fassen und Menschen für sich begeistern. Gelingt es der Bewegung, ein Bewusstsein dafür zu schaffen, welche Konsequenzen das eigene Handeln oder auch die Untätigkeit im Bereich Klimaschutz mit sich bringen und welche Auswirkungen dies auf das eigene Leben haben wird, kann die Anzahl an Fürsprecher:innen weiter steigen und FFF tatsächlich zu einer Bewegung der Gesellschaft werden. Scheitert die Bewegung daran, neue Personenkreise persönlich zu affizieren, verharrt sie in ihrem elitären Kreis.

Umsetzung von Maßnahmen

Entscheidend für das Bestehen der Bewegung sind nicht zuletzt die Erfolgsaussichten der Ziele und der eingeforderten Maßnahmen von FFF. Das Klimaschutzgesetz und auch die erfolgreiche Forderung der Nachschärfung des Gesetzes haben gezeigt, dass die Demonstrationen und öffentlichen Abmahnungen erfolgreich sein und die Politik und Gesetzgeber zum Handeln zwingen können. Auch das *Wuppertal Institut* bestätigt die Wirkungskraft der Bewegung durch ihre Studie zur technischen Umsetzbarkeit von geforderten Maßnahmen. Damit auch weiterhin Menschen für die Bewegung auf die Straße gehen und aktiv werden, wird entscheidend sein, dass die Bewegung immer wieder aufs Neue die Politik in die Pflicht nimmt, Maßnahmen im Sinne der Wissenschaft und von FFF umzusetzen. Gelingt dies, zeigt es den Demonstrierenden, dass sie Entscheidungen zum Guten wenden und im Kollektiv direkten Einfluss auf die Politik ausüben können. Gelingt dies nicht, wird der Protest langfristig an Zuspruch verlieren.

Was Sie aus diesem *essential* mitnehmen können

- Umweltbewegungen unterscheiden sich hinsichtlich ihrer Ziele, ihrer Vorgehensweise und ihrer Mitglieder, entstehen überwiegend jedoch durch Personen mit höherem Bildungshintergrund und selten aus der bürgerlichen Mitte heraus
- Fridays for Future hat bedingt durch begünstigende Faktoren wie die Digitalisierung oder Schulen als „soziale Relais" und durch ein hohes Maß an medialer Aufmerksamkeit eine nie dagewesene Reichweite im Bereich der Umweltbewegungen erlangt
- Gesellschaftliche Ereignisse wie die Corona-Pandemie haben nur einen geringen Einfluss auf die Fridays for Future-Bewegung und ihre Zielausrichtung

Literatur

Alier, J. M. (2016). *Kalkar's sodium-cooled fast breeder reactor prototype.* https://ejatlas.org/conflict/kalkar-a-bad-joke-germany.

ASDA'A Burson-Marsteller. (2012). *After the Spring: A White Paper on the Findings of the ASDA'A Burson-Marsteller Arab Youth Survey 2012.* http://arabyouthsurvey.com/pdf/whitepaper/en/2012-AYS-White-Paper.pdf.

Balabanis, G., & Chatzopoulou, E. (2019). Under the influence of a blogger: The role of information-seeking goals and issue involvement. *Psychology & Marketing, 36*(4), 342–353. https://doi.org/10.1002/mar.21182.

BMU. (2006). *Energiepolitik 20 Jahre nach Tschernobyl.*

Bortfeldt, L. & Boscheinen, J. (2020). *Fridays for Future – Eine Bestandsaufnahme zu Ansichten und Meinungen in Zeiten der CoronaPandemie unter Fridays for Future-Aktiven: Online-Befragung über Fridays for Future-Organisationsgruppen via WhatsApp & Telegram.* Biberach, Neu-Ulm. Hochschule für angewandte Wissenschaften Biberach; Hochschule für angewandte Wissenschaften Neu-Ulm. https://innosued.de/wp-content/uploads/2020/12/Auswertung-Befragung-Fridays-for-Future_InnoSUeD_HBC_HNU.pdf.

Brech, S. M. (12. März 2019). „Wir Profis sagen, die junge Generation hat recht". *WELT – Axel Springer SE, 2019.* https://www.welt.de/wissenschaft/article190174769/Klimastreiks-Wissenschaftler-unterstuetzen-Schuelerproteste.html.

Brettschneider, F. & Schuster, W. (2013). *Stuttgart 21: Ein Großprojekt zwischen Protest und Akzeptanz* (F. Brettschneider, Hg.). Springer Fachmedien Wiesbaden. https://doi.org/10.1007/978-3-658-01380-6.

Bundesgesellschaft für Endlagerung. (2020). *Standortauswahl.* https://www.bge.de/de/endlagersuche/meldungen-und-pressemitteilungen/meldung/news/2020/9/498-standortauswahl/.

Bundesministerium für Wirtschaft und Energie. (2021, 8. März). *Kohleausstieg und Strukturwandel.* BMWI. https://www.bmwi.de/Redaktion/DE/Artikel/Wirtschaft/kohleausstieg-und-strukturwandel.html.

Bundesministerium der Justiz und Verbraucherschutz. (1949). *Grundgesetz für die Bundesrepublik Deutschland.* Bundesministerium der Justiz und Verbraucherschutz. https://www.gesetze-im-internet.de/gg/BJNR000010949.html.

Bundesministerium für Umwelt, Naturschutz und nukleare Sicherheit. (2019). *Bundes-Klimaschutzgesetz (KSG)*. Bundesministerium für Umwelt, Naturschutz und nukleare Sicherheit (BMU). http://www.gesetze-im-internet.de/ksg/KSG.pdf.

Bundesregierung. (2007). *G8 Gipfel 2007 Heiligendamm – Durchbruch beim Klimaschutz.* http://www.g-8.de/nn_90704/Content/DE/Artikel/G8Gipfel/2007-06-07-g8-kli maschutz.html.

Bundesregierung. (2018). *Ein neuer Aufbruch für Europa, Eine neue Dynamik für Deutschland, Ein neuer Zusammenhalt für unser Land: Koalitionsvertrag zwischen CDU, CSU und SPD.* https://www.bundesregierung.de/resource/blob/974430/847984/5b8bc23590d4 cb2892b31c987ad672b7/2018-03-14-koalitionsvertrag-data.pdf?download=1.

Bundesregierung. (2021a, 11. Februar). *Bundesregierung beschließt Kohleausstiegsgesetz.* https://www.bundesregierung.de/breg-de/themen/klimaschutz/kohleausstiegsgesetz-171 6678.

Bundesregierung. (2021b, 26. August). *Kohleausstieg und Strukturwandel.* https://www.bun desregierung.de/breg-de/themen/klimaschutz/kohleausstieg-1664496.

Bundeszentrale für politische Bildung (8. September 2016). Kohlepfenniglbpb. *Bundeszentrale für politische Bildung.* https://www.bpb.de/nachschlagen/lexika/lexikon-der-wirtsc haft/19791/kohlepfennig.

Conference of the Parties (COP)lUNFCCC. (2021, 5. März). https://unfccc.int/process/bod ies/supreme-bodies/conference-of-the-parties-cop.

Deutsche Presseagentur (29. April 2021). Deutsches Klimaschutzgesetz ist in Teilen verfassungswidrig. *Handelsblatt, 2021.* https://www.handelsblatt.com/technik/thespark/urteil-aus-karlsruhe-deutsches-klimaschutzgesetz-ist-in-teilen-verfassungswidrig/27142880. html?ticket=ST-8065690-jmkHLZD4vLaSkLJEmQ9d-ap1.

Deutschmann, A., Daniel, A., Kocyba, P., & Sommer, M. (2020). Spannungsfeld Umwelt – Aktivismus weltweit. *Forschungsjournal Soziale Bewegungen, 33*(4), 721–728. https:// doi.org/10.1515/fjsb-2020-0065

Dickertmann & Voss. (1979). *Der Kohlepfenning-eine getarnte Steuer.* https://www.econstor. eu/bitstream/10419/135276/1/wd_v59_i01_pp041-046.pdf.

Dietz, M. & Garrelts, H. (Hrsg.). (2013). *Bürgergesellschaft und Demokratie: Bd. 39. Die internationale Klimabewegung: Ein Handbuch.* Springer. http://gbv.eblib.com/patron/Ful lRecord.aspx?p=1317787 https://doi.org/10.1007/978-3-658-01970-9.

Fridays For Future. (2018). *Unsere Forderungen an die Politik.* https://fridaysforfuture.de/for derungen/.

Fridays For Future. (2020). *#Netzstreikfürsklima.* Fridays For Future. https://fridaysforfuture. de/netzstreikfursklima/

Fridays For Future. (2021). *List of countries.* https://fridaysforfuture.org/what-we-do/strike-statistics/list-of-countries/.

Friemel, T. N. (2017). *Sozialpsychologie der Mediennutzung: Motive.* Herbert von Halem Verlag.

Fuchs, H. -J. (2021). *Umwelt und Nachhaltigkeit.* Konrad-Adenauer-Stiftung e. V. https:// www.kas.de/de/web/europa/umwelt-und-nachhaltigkeit.

Gellrich, A. (2021). *25 Jahre Umweltbewusstseinsforschung im Umweltressort: Langfristige Entwicklungen und aktuelle Ergebnisse.* Umweltbundesamt. HintergrundpapierlMärz 2021. https://www.umweltbundesamt.de/sites/default/files/medien/5750/publikationen/ 2021_hgp_umweltbewusstseinsstudie_bf.pdf.

Gleich, U. (2019). *Influencer-Kommunikation in sozialen Netzwerken.* h, Institut für Kommunikationspsychologie und Medienpädagogik (IKM) der Universität Koblenz-Land. https://ard-werbung.de/fileadmin/user_upload/media-perspektiven/pdf/2019/0519-ARD-Forschungsdienst_2019-06-12.pdf.

Goldenbaum, M. & Thompson, C. S. (2020). 9. Fridays for Future im Spiegel der Medienöffentlichkeit. In S. Haunss & M. Sommer (Hrsg.), *Fridays for Future – Die Jugend gegen den Klimawandel* (S. 181–204). transcript. https://doi.org/10.14361/9783839453476-009

Gössling, S., Humpe, A., & Bausch, T. (2020). Does 'flight shame' affect social norms? Changing perspectives on the desirability of air travel in Germany. *Journal of Cleaner Production, 266,*. https://doi.org/10.1016/j.jclepro.2020.122015.

Grund, J., & Brock, A. (2020). Education for sustainable development in Germany: Not just desired but also effective for transformative action. *Sustainability, 12*(7), 2838. https://doi.org/10.3390/su12072838.

Haunss, S. & Sommer, M. (2020a). *Fridays for Future – Die Jugend gegen den Klimawandel.* transcript Verlag. https://doi.org/10.14361/9783839453476

Haunss, S. & Sommer, M. (Hrsg.). (2020b). *X-Texte zu Kultur und Gesellschaft. Fridays for Future – Die Jugend gegen den Klimawandel: Konturen der weltweiten Protestbewegung.* transcript.

Heimgartner, A., Lauermann, K. & Sting, S. (2016). *Fachliche Orientierungen und Realisierungsmöglichkeiten in der Sozialen Arbeit. Soziale Arbeit – Social Issues: Band 19.* LIT.

Hellmann, K.-U., & Koopmans, R. (1998). Paradigmen der Bewegungsforschung. *VS Verlag für Sozialwissenschaften.* https://doi.org/10.1007/978-3-663-10990-7.

Hunger, S. & Hutter, S. (2020). *Online strikes with the usual suspects: How Fridays for Future has coped with the Covid-19 pandemic.* https://blogs.lse.ac.uk/europpblog/2020/06/29/online-strikes-with-the-usual-suspects-how-fridays-for-future-has-coped-with-the-covid-19-pandemic/.

Hutter, S. & Teune, S. (2012). Aus Politik und Zeitgeschichte: Protest und Beteiligung(25–26/2012).

Joan Martinez Alier. (2019). *Fracking Voelkersen, Germany|EJAtlas.* https://ejatlas.org/conflict/fracking-voelkersen-germany.

Joan Martinez Alier. (2021). *Environmental Justice Atlas.* https://ejatlas.org/country/germany.

Kaiser, R. (2020). Bäume, die die Welt bedeuten. Der Hambacher Forst als Symbol der deutschen Klimabewegung. *Soziologiemagazin, 13*(2).

Klein, A., Legrand, H.-J. & Leif, T. (Hrsg.). (1999). *Neue soziale Bewegungen.* VS Verlag für Sozialwissenschaften. https://doi.org/10.1007/978-3-322-90698-4.

Koos, S. & Naumann, E. (2019). *Vom Klimastreik zur Klimapolitik : Die gesellschaftliche Unterstützung der „Fridays for Future"-Bewegung und ihrer Ziele.* Universität Mannheim; Universität Konstanz. https://kops.uni-konstanz.de/bitstream/handle/123456789/46901/Koos_2-1jdetkrk6b9yl4.pdf?sequence=1&isAllowed=y.

Kopp, M. M. (2. Dezember 2007). Die Anti-Kohlekraft-Bewegung feiert ihre ersten Triumphe. *WELT.* https://www.welt.de/wams_print/article1421095/Die-Anti-Kohlekraft-Bewegung-feiert-ihre-ersten-Triumphe.html.

Kreienkamp, F., Arrighi, J., Belleflamme, A., Bettmann, T., Caluwaerts, S., Chan, S. C., Ciavarella, A., Cruz, L. de, Demuth, N., Vries, H. de, Ferrone, A., Fischer, E. M.,

Fowler, H. J., Goergen, K., Heinrich, D., Henrichs, Y., Kaspar, F., Kew, S. F., Lenderink, G., . . . Wanders, N. (2021). *Rapid attribution of heavy rainfall events leading to the severe flooding in Western Europe during July 2021.* University of Oxford. https://www.worldweatherattribution.org/wp-content/uploads/Scientific-report-Western-Europe-floods-2021-attribution.pdf.

Kretschmer, W. (2020). *Nennen wir sie Greta.* changeX In die Zukunft denken. https://www.changex.de/Resource/41497?file=kurzinterview_hurrelmann_nennen_wir_sie_greta.pdf.

Krüger, K.-H. (2016). Gesellschaftlicher Wertewandel: Generation X, Y, Z – und dann? In H. Klaus & H. J. Schneider (Hrsg.), *Personalperspektiven* (S. 39–71). Springer Fachmedien Wiesbaden. https://doi.org/10.1007/978-3-658-13971-1_3.

Kühne, R. W. (2019). *Climate Change: The Science Behind Greta Thunberg and Fridays for Future.* https://doi.org/10.13140/RG.2.2.21256.78087.

Maier, M., Retzbach, J., Glogger, I. & Stengel, K. (2018). *Nachrichtenwerttheorie* (2. Aufl.). *Konzepte: Band 2.* Nomos.

Melucci, A. (1999). Soziale Bewegungen in komplexen Gesellschaften. In A. Klein, H.-J. Legrand & T. Leif (Hrsg.), *Neue soziale Bewegungen* (S. 114–130). VS Verlag. https://doi.org/10.1007/978-3-322-90698-4_7.

Merten, K. (1977). *Kommunikation: Eine Begriffs- und Prozeßanalyse. Studien zur Sozialwissenschaft: Bd. 35.* VS Verlag; Imprint.

Moor, J. de, Uba, K., Wahlströ, M., Wennerhag, M. & Vydt, M. de (Hrsg.). (2020). *Protest for a future II: Composition, mobilization and motives of the participants in Fridays For Future climate protests on 20–27 September, 2019, in 19 cities around the world.* https://www.diva-portal.org/smash/get/diva2:1397070/FULLTEXT01.pdf.

Mörstedt, A.-B. (o. J.). *Erwartungen der Generatuon Z an die Unternehmen.* Private Hochschule Göttingen. https://www.pfh.de/fileadmin/Content/PDF/forschungspapiere/vortrag-generation-z-moerstedt-ihk-goettingen.pdf.

Mucha, W., Soßdorf, A., Ferschinger, L. & Burgi, V. (2020). Fridays For Future Meets Citizen Science. Resilience and Digital Protests in Times of Covid-19. *Voluntaris, 8*(2), 261–277. https://doi.org/10.5771/2196-3886-2020-2-261.

Neuber, M. & Gardner, B. G. (2020). Germany. In J. de Moor, K. Uba, M. Wahlströ, M. Wennerhag & M. de Vydt (Hrsg.), *Protest for a future II: Composition, mobilization and motives of the participants in Fridays For Future climate protests on 20–27 September, 2019, in 19 cities around the world.* (S. 117–138).

Orde, H. & Durner, A. (2020). *Grunddaten Jugend und Medien 2020: Aktuelle Ergebnisse zur Mediennutzung von Jugendlichen in Deutschland.* https://www.br-online.de/jugend/izi/deutsch/Grundddaten_Jugend_Medien.pdf.

Pfeifer, T., Schneider, T. & Stadtmann, M. *Aktivismus im Hambacher Forst: Alltag als politisches Mitte.* https://www.researchgate.net/profile/Tim-Schneider-13/publication/327137298_Aktivismus_im_Hambacher_Forst-Alltag_als_politisches_Mittel_Entstanden_im_Rahmen_des_Forschungsprojektes_Globale_politische_Okologien_der_Kohle_im_Masterstudiengang_Geographie/links/5b7c1b6992851c1e1224c28e/Aktivismus-im-Hambacher-Forst-Alltag-als-politisches-Mittel-Entstanden-im-Rahmen-des-Forschungsprojektes-Globale-politische-Oekologien-der-Kohle-im-Masterstudiengang-Geographie.pdf.

Pichler, L. (2012). *Robert Jungk und die Anti-Atomkraft-Bewegung.* https://jungk-bibliothek.org/wp-content/uploads/2016/09/endtext-jbz-ap-16-pichler-nlo.pdf.

Quaschning, V. (2021, 12. September). *Schützen Sie endlich das Klima*. http://www.volker-quaschning.de/artikel/2015-05-Schuetzt-das-Klima/index.php.

Radkau, J. (2011a). *Die Ära der Ökologie: Eine Weltgeschichte*. Beck.

Radkau, J. (10. November 2011b). Eine kurze Geschichte der deutschen Antiatomkraftbewegung\APuZ. *Bundeszentrale für politische Bildung*. https://www.bpb.de/apuz/59680/eine-kurze-geschichte-der-deutschen-antiatomkraftbewegung?p=6.

Raschke, J. (1987). *Soziale Bewegungen: Ein historisch-systematischer Grundriß* (Studienausg). Campus.

Reuters. (2019). *Es ist richtig, dass ihr uns Dampf macht*. https://www.spiegel.de/lebenundlernen/schule/angela-merkel-bekraeftigt-lob-fuer-fridays-for-future-a-1260875.html.

Rucht, D. & Rink, D. (2020). 4. Mobilisierungsprozesse von Fridays for Future. In S. Haunss & M. Sommer (Hrsg.), *Fridays for Future – Die Jugend gegen den Klimawandel* (S. 95–114). transcript. https://doi.org/10.14361/9783839453476-004.

Sander. (2017). *Ende Gelände: Anti-Kohle-Proteste in Deutschland\Forschungsjournal Soziale Bewegungen*. http://forschungsjournal.de/node/2964.

Sander, H. (2017). Ende Gelände: Anti-Kohle-Proteste in Deutschland. *Forschungsjournal Soziale Bewegungen : Analysen zu Demokratie und Zivilgesellschaft, 30*(1), 26–36.

Sommer, M., Rucht, D., Haunss, S. & Zajak, S. (2019). *Fridays for Future: Profil, Entstehung und Perspektiven der Protestbewegung in Deutschland*. Institut für Protest und Bewegungsforschung. https://protestinstitut.eu/wp-content/uploads/2019/08/ipb-working-paper_FFF_final_online.pdf.

Stadt Konstanz. (2019). *Stadt Konstanz ruft Klimanotstand aus: Der Gemeinderat hat am 2. Mai einstimmig eine Resolution zur Ausrufung des Klimanotstands beschlossen*. https://www.konstanz.de/site/Konstanz/get/documents_E888741522/konstanz/Dateien/Service/Amtsblatt/2019/Amtsblatt%20Ausgabe%2010%20vom%2015.%20Mai%202019.pdf.

Statistisches Bundesamt. (2018). *Allgemeine Schulausbildung: Bevölkerung nach Alter und Geschlecht*. https://www.genesis.destatis.de/genesis/online?operation=previous&levelindex=1&step=1&titel=Ergebnis&levelid=1604658631347&acceptscookies=false#abreadcrumb.

Thaler, C. & dpa (8. September 2021). Gerichtsurteil: Räumung von Baumhäusern im Hambacher Forst war rechtswidrig. *Die Zeit*. https://www.zeit.de/politik/deutschland/2021-09/hambacher-forst-raeumung-baumhaeuser-rechtswidrig-gerichtsurteil-nrw.

Thunberg, G. (2021). *10 Powerful Greta Thunberg Quotes*. https://www.biography.com/news/greta-thunberg-quotes.

Uekötter, F. (2014). *The greenest nation?* The MIT Press.

Uekötter, F. (Hrsg.). (2018). *Exploring Apocalyptica: Coming to terms with environmental alarmism*. University of Pittsburgh Press.

Ullrich, P. (2015). *Postdemokratische Empörung: Ein Versuch über Demokratie, soziale Bewegungen und gegenwärtige Protestforschung*. https://protestinstitut.eu/wp-content/uploads/2015/10/postdemokratische-empoerung_ipb-working-paper_aufl2.pdf.

Umweltbundesamt. (2017). *UBA empfiehlt unter anderem Stilllegung von Braunkohlekraftwerken*. https://www.umweltbundesamt.de/themen/uba-empfiehlt-unter-anderem-stilllegung-von.

Umweltgutachten 1996: Zur Umsetzung einer Dauerhaft-Umweltgerechten Entwicklung. (1996). Metzler-Poeschel.

Voss, K. (Hrsg.). (2014). *Internet und Partizipation: Bottom-up oder Top-down? Politische Beteiligungsmöglichkeiten im Internet*. Springer Fachmedien Wiesbaden.

VuMA Touchpoints 2021. *Generationen in Deutschland nach Häufigkeit der Nutzung von Social Media (z.B. Facebook, Twitter, Instagram, WhatsApp) im Jahr 2020*. IFAK Institut; GfK Media & Communication Research; forsa marplan Markt- und Mediaforschungsgesellschaft mbH; GIM Gesellschaft für Innovative Marktforschung. https://de.statista.com/statistik/daten/studie/1137640/umfrage/umfrage-zur-haeufigkeit-der-nutzung-von-social-media-nach-generationen/.

Wahlström, M., Kocyba, P., Vydt, M. de, Moor, J. de, Adman, P., Balsiger, P., Buzogany, A., Porta, D., Doherty, B., Emilsson, K., Gaidyte, T., Giugni, M., Haunss, S., Holecz, V., Johansson, H., Kolczynska, M., Lorenzini, J., Łukianow, M., Mikecz, D., . . . Zamponi, L. (2019). *Fridays for future: Surveys of climate protests on 15 March, 2019 in 13 European cities*. https://doi.org/10.17605/OSF.IO/XCNZH.

Wehrden, H. von, Kater-Wettstädt, L. & Schneidewind, U. (2019). Fridays for future aus nachhaltigkeitswissenschaftlicher Perspektive. *GAIA – Ecological Perspectives for Science and Society, 28*(3), 307–309. https://doi.org/10.14512/gaia.28.3.12

Weingart, P., Engels, A., & Pansegrau, P. (2007). Von der Hypothese zur Katastrophe. *Verlag Barbara Budrich*. https://doi.org/10.2307/j.ctvdf064x.

Weitze, M.-D., Pühler, A., Heckl, W. M., Müller-Röber, B., Renn, O., Weingart, P., & Wess, G. (2012). *Biotechnologie-Kommunikation*. Springer. https://doi.org/10.1007/978-3-642-33994-3.

Printed by Printforce, the Netherlands